糀のある豊かな食卓

かわなべ みゆき

はじめに

糀は魅力にあふれています

糀とは、米や麦、雑穀や大豆などを蒸して糀菌をつけ、増殖させたもの。
ふだん私たちが食べているみそ、しょう油、甘酒、みりん、米酢などの調味料、
また日本酒や焼酎も糀を使って作られてきました。
この本でご紹介するレシピはすべて米糀を使っています。
米糀は米の表面に糀菌をつけて繁殖させたもので、米から作るので米糀。
麦につけたものは麦糀、大豆につけたものは大豆糀と呼ばれています。

糀は日本に古くから伝わる食材で、いまでも和食には欠かせません。
特にみそやしょう油などの調味料は、なくてはならない大切な調味料です。
その伝統的な糀の魅力は、
国内にとどまらず最近では海外でも注目を集めています。
平成25年12月に和食がユネスコ無形文化遺産に登録されたことをきっかけに、
糀の存在がより多くの人たちに知られるようになりました。
和食の特徴のひとつとされる旨味は糀にもあります。
私は糀を日々の食事作りに使ってきましたが、
その度に新しい発見があり、
そのおいしさと使いやすさには常に魅力を感じています。

糀を使って調味料を作り、
それを料理やスイーツにもっと応用できればと思い、
試作を繰り返してきました。
そのうち、糀はどんな料理にも合うということがわかってきたのです。
糀は旨味の他に、
合わせる食材ととても馴染みやすいという特徴を持っています。
しょう油や塩も糀と合わせると単体にはないおいしさに変わっていきます。
さらに糀は、他の素材の本来のおいしさを損なうことがありません。
時間をかけながらゆっくりと調和していきます。
この本でご紹介するレシピの中には、
作った後、熟成させるものもあります。
常温保存ができるものでも、
冷蔵庫で保存することをおすすめします。
たとえ作ったことを忘れてしまっても安心ですし、
その間に糀はおいしくおいしくと変化をしていきます。
一度作ってしまえば、
勝手においしく育ってくれるところも糀の魅力と私は思っています。

糀は和食、洋食、中華料理などに少し加えるだけで
味にグンと深みが出てきます。
甘酒を作ってスイーツやデザートに応用すれば、
白砂糖を使わなくても十分甘くなり、とてもおいしくなります。
さらに、甘酒としょう油糀、甘酒と塩糀といったダブルで糀を使うことで、
その魅力は際限なく広がっていきます。

また、糀には私たちの健康を支える重要な栄養成分が
たくさん含まれていますので、もっと活用しない手はありません。
糀はこれからさらに国籍や料理のジャンルを超え、
ますますボーダーレスで人気の食材になっていくことでしょう。

この本では、使い回しのきく糀の調味料をはじめとして、
和食や洋食、エスニック風、デザートまでと
たくさんの糀レシピをご紹介しています。
今まで見かけたことのなかったユニークな糀の使い方も登場します。
また、ベジタリアンやヴィーガンの方にもご利用いただけるよう、
肉、魚介類、白砂糖、卵、乳製品をいっさい使わずに
季節の野菜や果物のみで作りました。
できるだけ簡単に作れるようなレシピにしましたので、
楽しみながら作っていただけたらうれしい限りです。

かわなべ みゆき

Contents

はじめに 糀は魅力にあふれています …… 2

糀について …… 6
作りはじめる前に …… 8

1章
糀を使った料理

基本の糀ソースを作りましょう
しょう油糀／塩糀／豆腐の塩糀漬け …… 11
塩糀＋コリアンダーのソース／しょう油糀＋クレソンのソース …… 13
からし糀／赤とうがらし糀／青とうがらし糀 …… 14, 15
焼きれんこん …… 16
万願寺唐辛子と油揚げのさっと煮 …… 17
かぼちゃの煮もの …… 18
塩糀のバーニャカウダ …… 19
木の芽塩糀のパスタ …… 20
塩糀と豆腐アボカドのサンドイッチ …… 21
里いもの塩糀煮 …… 22
スチームもやし …… 23
豆腐塩糀のポテトサラダ …… 24
塩糀＋コリアンダーの冷製パスタ …… 25
しょう油糀＋クレソンのスチームブロッコリー …… 26
赤とうがらし糀のタジン鍋 …… 27
香味野菜のからし糀和え …… 28

2章
甘酒のアレンジと
スイーツ＆ドリンク

甘酒とは …… 32
基本の甘酒の作り方 …… 34
黒米の甘酒／甘栗の甘酒 …… 36
とうもろこしの甘酒 …… 37
もちきびの甘酒 …… 38
いちごの甘酒 …… 39
れんこんの甘酒 …… 40
里いもの甘酒 …… 41
じゃがいもの甘酒 …… 42
かぼちゃの甘酒 …… 43
甘酒と桃のスムージー／甘酒とブルーベリーのスムージー …… 44
甘酒と柿のムース／甘酒キヌア …… 45
甘酒のアジアン汁粉 …… 46
甘酒のアフォガート …… 48
甘酒のフルーツポンチ …… 49
甘酒の蒸しパン …… 50
甘酒2種の寒天寄せ …… 51
甘酒と豆乳のブリュレ …… 52

3章
甘酒を使った ごはんのおとも

べったら漬け …… 56
べったら漬けのにんじんソテー …… 57
酒粕と甘酒の合わせ漬け …… 58
三五八漬け …… 59
甘酒納豆 …… 60

4章
甘酒を使った 合わせダレ

甘酒の合わせダレを作りましょう
甘酒＋しょう油／甘酒＋トマトケチャップ／
甘酒＋ウスターソース／甘酒＋コチュジャン …… 62
きのこ炒め …… 63
焼きうどん …… 64
レタス炒め …… 65
トッポギ …… 66

5章
あると便利な 糀の調味料

コチュジャン …… 70
コチュジャンを使った 豆腐チゲ …… 71
糀の万能ドレッシング …… 72
糀の万能ドレッシングを使った 韓国風サラダ …… 73
金山寺みそ …… 74
甘みそ …… 75
小なすのからし糀漬け …… 76

Column
京都にある菌塚 …… 29
オーダーメイドの米糀 …… 30
甘酒の糖度 …… 54
甘酒が納豆に!? …… 68
糀のうるおいローション …… 77

あとがき「幸腹」を祈って …… 78

レシピの英訳 …… 81

糀について

板糀　常温保存が可能

生糀　冷蔵・冷凍で保存

糀のタイプ

　一般に売られている糀には、主に白米糀と玄米糀の2種類があります。白米糀は玄米を白米に精米して蒸し、35℃くらいに冷ましてから米の表面に糀菌をつけたもの。玄米糀は表面を少し削り、同様にして糀菌をつけたものです。
　さらに生糀と乾燥糀の2種類に分けられます。生糀は蒸した米に糀菌をつけた生の状態のもので、乾燥糀は熱処理を行い、水分を飛ばして乾燥をさせたものです。乾燥糀にも一粒ずつほぐされたものと板のように固まったものとふたつのタイプがあります。いずれも大手スーパーや百貨店の食品売り場、自然食品店などで購入できます。また、インターネットで検索するとオーダーメイドの生糀を注文できる会社もあります。購入しやすいものから試してみるとよいでしょう。乾燥糀を使用する時は、生糀よりも若干水分を多めにすると作りやすくなります。
　乾燥糀は常温で保存ができますが、生糀は必ず冷蔵庫で保存します。どちらのタイプも冷蔵・冷凍ができますが、生糀は風味が落ちるので早めに使い切ることをおすすめします。また冷蔵・冷凍保存していた糀は必ず常温に戻してから使用しましょう。

乾燥糀
常温保存が可能

発酵器について

　この本の中に「発酵器」という言葉が出てきます。発酵器とは一定の温度と時間が設定でき、ふたや扉がついて衛生的に使える道具のことを意味します。

　私は、電気炊飯器のマルチ調理という機能を利用して、甘酒や甘みそを作っています。それは豆腐やヨーグルト、温泉卵などが作れる機能で、炊飯器の外ぶたをして温度と時間を設定してスイッチを押したら、あとはできあがりを待つだけという便利な機能です。途中でかき混ぜたり、中の様子を見るといった必要もないので手間がかからず、衛生的に甘酒や甘みそを作ることができます。

　この他にも最高設定温度を60℃くらいにできるヨーグルトメーカーや、扉付きの冷温庫でも同様に作ることができます。扱いやすく、安全で衛生的に作れる器具を使用しましょう。

作りはじめる前に

○ 「こうじ」は「麹」または「糀」という漢字で表記されますが、この本では、「糀」の方を使用しています。「麹」とは、もともとは中国から伝わった文字。中国では麦にこうじをつけることが多いため、麦偏の「麹」という文字を使っていました。対して日本では蒸した米にこうじをつけることが多いため、米偏の「糀」という国字を作ったようです。米についた糀菌の胞子の糸が、まるで花が咲いたようなイメージの「糀」という文字は、水穂の国にぴったりだと思います。そのイメージを大切にしたくて、この本ではすべて「糀」という漢字を使用しました。
○ すべてのレシピは米糀を使用しています。
○ 基本の糀ソースや基本の甘酒を作るとき、使用する容器やビンはできるだけ煮沸消毒（80℃のお湯で10分以上の煮沸）したものを使用します。
○ 大さじ1＝15㎖、小さじ1＝5㎖です。
○ 塩は自然塩を使います。
○ 豆乳は無調整豆乳を使います。

1章 糀を使った料理

基本の糀ソースを作っておけば応用自在。煮ものからバーニャカウダ、サンドイッチまでと料理の幅が広がります。

基本の糀ソースを作りましょう

しょう油や塩などと合わせるだけでできる簡単な7つの基本の糀ソース。作っておけばさまざまな料理に使え、いつもの煮ものやパスタなどが格段においしくできあがります。

しょう油糀

塩糀

基本の糀ソース2 塩糀 / Salt Koji

塩分が強すぎず
カビの心配も少ない使いやすい割合です。
ハンドミキサーでペースト状にすると
他の素材となじみやすくなります。

材料 作りやすい分量 ※塩分濃度約8%

糀 …… 300g
塩 …… 50g
60℃のお湯 …… 350㎖

作り方

1 糀は室温に戻しておく。
2 清潔なボウルに1と塩を入れて混ぜる。
3 清潔な密閉容器に2とお湯を入れてよく混ぜる。
4 軽くふたをして時々混ぜながら1日常温におく。
5 その後は冷蔵庫で保存する。

基本の糀ソース1 しょう油糀 / Soy sauce Koji

温めたしょう油と糀を合わせ、
あとは冷蔵庫で保存。
時間が経つほどに旨味が出てきます。

材料 作りやすい分量

糀 …… 300g
しょう油 …… 500㎖

作り方

1 糀は室温に戻しておく。
2 鍋にしょう油を入れて、60℃くらいまで温める。
3 清潔な密閉容器に1と2を入れてよく混ぜる。
4 軽くふたをして時々混ぜながら1日常温におく。
5 その後は冷蔵庫で保存する。

＋豆腐でごはんのおかずに！

Tofu pickled in Salt Koji
豆腐の塩糀漬け

塩糀の旨味が豆腐全体を包み込んだ濃厚な塩糀漬けは、豆腐の水切りをしっかり行うことがポイントです。ごはんやパスタによく合います。

材料 作りやすい分量

塩糀 …… 適量
木綿豆腐 …… 1丁
柚子の皮のすりおろし …… 適量

作り方

1 ボウルに塩糀と柚子の皮のすりおろしを入れ、混ぜておく。
2 豆腐を湯通しして盆ざるに上げ、冷めたらキッチンペーパーに包み、軽く重しをして冷蔵庫内で水切りをする。
3 2を6等分にして、キッチンペーパーで水分を取る。
4 清潔な密閉容器に1を適量入れ、その上に3を並べてさらに上から1をかける。
5 冷蔵庫で保存する。2〜3日で食べ頃になる。

しょう油糀＋クレソンのソース

塩糀＋コリアンダーのソース

基本の糀ソース 4
Soy sauce Koji + Watercress sauce
しょう油糀＋クレソンのソース

クレソンのピリッと感が魅力！
さっと蒸した野菜やサラダにどうぞ。

基本の糀ソース 3
Salt Koji + Coriander sauce
塩糀＋コリアンダーのソース

クセになる味わい！好きな人にはたまらない、ちょっとエスニックなソース。

材料　作りやすい分量

塩糀（p.11）…… 100g

コリアンダー（柔らかい葉の部分）…… 30g

作り方

1　塩糀とコリアンダーをハンドミキサーにかける。

材料　作りやすい分量

しょう油糀（p.11）…… 100g

クレソン（柔らかい葉の部分）…… 80g

作り方

1　しょう油糀とクレソンをハンドミキサーにかける。

基本の糀ソース 6
Red Pepper Koji
赤とうがらし糀

和の素材なのにどこかエスニック。
辛いのにまた使いたくなる
不思議なおいしさです。

基本の糀ソース 5
Karashi Koji
からし糀

穂じそのつぶつぶした食感と
ツンとした辛さがマッチ。
香味野菜とさっと和えて。

材料 作りやすい分量

糀 …… 200g

からし粉 …… 10g

ぬるま湯 …… 150㎖

しょう油 …… 大さじ4

てん菜糖 …… 大さじ2

穂じそ …… 大さじ1

作り方

1 糀は常温に戻してほぐしておく。
2 小さめのボウルにからし粉とぬるま湯を入れて混ぜる。
3 清潔なビンまたは保存容器に**1**、**2**、しょう油、てん菜糖、穂じそを入れて混ぜる。
4 時々混ぜながら常温で半日おき、その後は冷蔵庫で保存する。

材料 作りやすい分量

糀 …… 150g

唐辛子粉（細挽き）…… 50g

柚子またはレモンの皮のすりおろし …… 15g

しょう油 …… 180㎖

みりん …… 50㎖

てん菜糖 …… 20g

米飴 …… 大さじ2

作り方

1 糀は常温に戻してほぐしておく。
2 ボウルにすべての材料を入れ、よく混ぜる。
3 清潔なビンまたは保存容器に移し、その後は冷暗所または冷蔵庫で保存する。

基本の糀ソース 7

Green Chili Koji

青とうがらし糀

ピリッとした青とうがらしの辛みはごはんとよく合います。

材料 作りやすい分量
糀 …… 150g
青とうがらしまたはししとう …… 100g
しょう油 …… 130〜160㎖

作り方
1 糀は常温に戻してほぐしておく。青とうがらしは種を取り小口に切る。
2 清潔なビンまたは保存容器に**1**としょう油を入れてよく混ぜる。
3 時々混ぜながら常温で半日おき、その後は冷蔵庫で保存する。

からし糀

青とうがらし糀

赤とうがらし糀

焼きれんこん
Pan-roasted Lotus Root

ホクホクとしたれんこんとしょう油糀の相性は抜群。おつまみにも最適です。

材料 2人分
れんこん …… 中サイズ1節
しょう油糀 …… 大さじ2
ごま油 …… 大さじ1と1/2

作り方
1 れんこんは皮つきのまま、厚さ1cmの半月切りにする。
2 フライパンにごま油を熱し、1のれんこんを並べて中火で両面に焼き色をつける。
3 ふたをして弱火で10分間蒸し焼きにする。途中で裏返す。
4 中まで火が通ったらしょう油糀を加えて煮からめる。

使用する基本の糀ソース

しょう油糀

p.11

万願寺唐辛子と油揚げのさっと煮

Manganji Togarashi and Deep-fried Tofu

しょう油をしょう油糀に変えるだけでいつものお惣菜に旨味が増します。

材料 2人分

万願寺唐辛子 …… 10本
油揚げ …… 1枚
しょう油糀 …… 大さじ1
米酢 …… 小さじ1
しょうがの千切り …… 少々
ごま油 …… 大さじ1
昆布だし …… 50㎖

作り方

1 万願寺唐辛子はヘタを取り、竹串で数か所穴をあける。長ければ1/2の長さに切る。油揚げは食べやすい大きさに切る。
2 鍋にごま油を熱し、しょうがを炒める。香りが出たら万願寺唐辛子を入れてさらに炒める。
3 昆布だしと油揚げを入れ、煮汁の部分にしょう油糀を加え煮汁がなくなるまで煮る。
4 仕上げに米酢を回しかける。

使用する基本の糀ソース

しょう油糀

p.11

かぼちゃの煮もの
Simmered Pumpkin

使うしょう油糀はごく少量なのに格段においしくなります。また作りたくなる煮ものです。

材料 作りやすい分量

かぼちゃ …… 1/4個
しょう油糀 …… 大さじ1
水 …… 適量
米酢 …… 小さじ1

作り方

1 かぼちゃはワタと種を取り、ところどころ皮をむく。大きめのひと口大に切り、面取りをする。
2 鍋にかぼちゃの皮を下にして並べ、かぼちゃの1/3の高さまで水を入れ、ふたをして中火にかける。
3 沸いたら弱火にして7〜8分煮る。
4 竹串をさしてすっと通るくらいまで煮えたら、煮汁の部分にしょう油糀を加え、煮汁が少し残る程度まで煮詰める。
5 仕上げに米酢を回しかける。

使用する
基本の
糀ソース

しょう油糀

p.11

塩糀のバーニャカウダ

Salt Koji Bagna Càuda

バーニャカウダソースは冷蔵庫で1日熟成させるとさらにおいしくなります。できれば濃度の濃い豆乳を使って。

材料 2人分
塩糀 …… 80g
オリーブオイル …… 大さじ1
にんにくのすりおろし …… 小さじ1/2
豆乳（大豆固形分12％以上） …… 大さじ2
黒こしょう …… 少々
生野菜と温野菜 …… 適量

作り方
1 野菜は食べやすい大きさにカットする。
2 ボウルにオイル以外の材料を入れてよく混ぜる。
3 2にオイルを少しずつ加えて乳化させる。
4 3を耐熱用のポットに移して温める。

使用する基本の糀ソース

塩糀

p.11

木の芽塩糀のパスタ
Leaf Bud Salt Koji Pasta

木の芽をたっぷりと使った初夏のパスタです。木の芽塩糀のソースは蒸し野菜や豆腐などにもよく合います。

材料 2人分

- 木の芽 …… 5g
- 塩糀 …… 大さじ3
- 白みそ …… 小さじ1
- しょう油 …… 小さじ1/2
- ショートパスタ …… 100g
- いんげん …… 4本
- ブロッコリー …… 30g
- じゃがいも …… 1/2個
- オリーブオイル …… 少々

作り方

1. 木の芽塩糀を作る。木の芽はみじん切りにする（トッピング用に2〜3枚残しておく）。
2. ボウルに**1**、塩糀、白みそ、しょう油を入れて混ぜ合わせる。
3. 鍋にお湯を沸かして塩（材料外）を入れ、ショートパスタを表示通りに茹でる。
4. 野菜は食べやすい大きさに切り、ショートパスタが茹で上がる時間に合わせ、時間差をつけながらじゃがいも、いんげん、ブロッコリーの順に入れて一緒に茹でる。
5. ボウルに**2**と**4**を入れて混ぜる。
6. 器に盛り付け、オリーブオイルを回しかけ、残しておいた木の芽をトッピングする。

使用する基本の糀ソース

塩糀

p.11

塩糀と豆腐アボカドのサンドイッチ
Salt Koji and Tofu Avocado Sandwich

相性の良い豆腐とアボカドに塩糀をプラス。塩糀の旨味がいきわたった、後ひくおいしさです。

材料 2人分
- アボカド …… 大1個
- 木綿豆腐 …… 100g
- 塩糀 …… 大さじ1と2/3
- 玉ねぎ …… 50g
- レモン汁 …… 少々
- 食パン（12枚切り）…… 6枚

作り方

1 アボカドは種を取り、スプーンで中身をくり抜いてボウルに入れ、すぐにレモン汁をかけてフォークでつぶす。

2 豆腐は湯通しをして、キッチンペーパーに包み水気を切る。玉ねぎはみじん切りにして塩（材料外）を少々ふり、10分おいてからキッチンペーパーに包んで水気をしっかりと絞る。

3 ボウルに 1、2、塩糀を入れて混ぜ合わせる。

4 3 を食パンに挟み、半分に切る。

使用する基本の糀ソース
塩糀

p.11

里いもの塩糀煮
Simmered Taro in Salt Koji

いつもの里いもの煮ものとはちょっと異なる味わい。すりおろしたレモンの皮がアクセントに。

材料 2人分
里いも …… 小6個
塩糀 …… 大さじ2
レモンの絞り汁 …… 大さじ1
レモンの皮のすりおろし …… 少々

作り方
1 里いもは皮をむき、塩（材料外）でもんでぬめりを取る。
2 1を水で洗い流し、さっと下茹でする。
3 鍋に2を入れ、かぶるくらいの水を加えて、竹串がすっと通るくらいまで煮る。
4 塩糀を加え、煮汁が少し残る程度まで煮つめて、仕上げにレモンの絞り汁を加える。
5 器に盛り付け、レモンの皮のすりおろしを添える。

使用する基本の糀ソース

塩糀

p.11

スチームもやし
Steamed Soybean Sprouts

もやしメニューも塩糀効果で驚くほどのおいしさに。カレーパウダーはほんのりと感じる程度に加えます。

材料 2人分
- 大豆もやし …… 1/2袋
- 塩糀 …… 大さじ 2/3
- 大葉の千切り …… 適量
- カレーパウダー …… 小さじ 1/5
- 塩 …… 少々

作り方
1. 大豆もやしはひげ根をとって洗い、ざるに上げて水気を切る。
2. 鍋に少量の湯をわかして塩と大豆もやしを入れ、沸騰したら弱火で5分ほど蒸し、盆ざるに広げて冷ます。
3. ボウルに2、塩糀、カレーパウダーを入れて和える。
4. 器に盛り付け、大葉を添える。

使用する基本の糀ソース

塩糀

p.11

豆腐塩糀のポテトサラダ
Tofu Salt Koji Potato salad

茹でたじゃがいもに豆腐の塩糀漬けを合わせました。バジルの葉を加えると全体がまとまります。

材料 2人分
じゃがいも …… 3個
豆腐の塩糀漬け（p.11）…… 大さじ2〜3
フレッシュバジル …… 適量
こしょう …… 適宜
レモンの絞り汁 …… 大さじ1/2
松の実（炒ったもの）…… 少々

作り方
1 じゃがいもは皮をむいて2cm角に切り、柔らかくなるまで茹でる。
2 ボウルに1と豆腐の塩糀漬けを入れて混ぜる。
3 2に手でちぎったフレッシュバジル、レモンの絞り汁、こしょうを加えて混ぜる。
4 器に盛り付け、松の実をトッピングする。

使用する基本の糀ソース

塩糀

p.11

塩糀＋コリアンダーの冷製パスタ

Salt Koji and Coriander Cold Pasta

細いパスタにコリアンダーソースをからめるだけ。
オリエンタルな風味が暑い夏にぴったり！

材料 2人分

カッペリーニ …… 100g
塩糀＋コリアンダーのソース …… 大さじ2
オリーブオイル …… 大さじ1
レモン汁 …… 小さじ1
コリアンダーの葉 …… 少々
松の実（炒ったもの）…… 少々

作り方

1 カッペリーニは表示通りに茹で、洗って水気を切る。
2 ボウルに**1**、松の実、ソース、オリーブオイル、レモン汁を入れて和える。
3 皿に盛り付け、コリアンダーの葉を添える。

使用する基本の糀ソース

塩糀＋コリアンダーのソース

p.13

しょう油糀＋クレソンの
スチームブロッコリー

Soy sauce Koji and Watercress Steamed Broccoli

茹でたブロッコリーとソースを和えるだけ。手軽なサイドディッシュです。

材料　2人分
ブロッコリー …… 1/2個
しょう油糀＋クレソンのソース …… 小さじ2

作り方
1　ブロッコリーは小房に分けてかために茹で、盆ざるに広げて冷ます。
2　ボウルに **1** とソースを入れて和える。

使用する基本の糀ソース

しょう油糀＋クレソンのソース

p.13

赤とうがらし糀のタジン鍋
Red chili Pepper Koji Tagine

赤とうがらし糀をハリッサに見立てて、タジン鍋風にしました。野菜の甘さと赤とうがらし糀のピリ辛がマッチした蒸し野菜鍋です。

材料 2〜3人用の鍋を使用

A
- 玉ねぎ …… 1個
- なす …… 1本
- ズッキーニ …… 1本
- じゃがいも …… 1個

B
- ブロッコリー …… 30g
- ピーマン …… 2個
- パプリカ …… 1/2個
- いんげん …… 2本
- プチトマト …… 4個
- アスパラガス …… 2本
- そら豆 …… 4個

- にんにくのみじん切り …… 小さじ1
- オリーブオイル …… 大さじ2
- 赤とうがらし糀 …… 大さじ1
- 白ワイン …… 少々
- 塩 …… 少々

使用する基本の糀ソース

赤とうがらし糀

p.14

作り方

1 アスパラガスは、はかまを取っておく。そら豆は茹でておく。野菜はすべて食べやすい大きさに切る。

2 鍋にオリーブオイルを熱してにんにくを炒め、香りが立ったら**A**の野菜を並べ入れ、ふたをして白ワインと塩を加え、10〜15分蒸し煮をする。

3 2に**B**の野菜を加えて塩少々を振り、さらに5分ほど火を加える。

4 3の中央に赤とうがらし糀をのせ、1〜2分さらに蒸し煮をする。

香味野菜のからし糀和え
Potherb with Karashi Koji

夏野菜にからし糀を和えるだけ。夏の副菜にどうぞ。
ごはんには青とうがらし糀をのせて。

使用する基本の糀ソース
からし糀
p.14

材料 2人分
きゅうり……1本
みょうが……2個
大葉……8枚
からし糀……大さじ2

作り方
1 野菜はすべて細切りにする。
2 ボウルに**1**とからし糀を入れて和える。

使用する基本の糀ソース
青とうがらし糀
p.15

Column
京都にある菌塚

毎日のように食卓にのぼるみそやしょう油、甘酒や米酢などの
発酵食品の働きを担ってくれているのが微生物です。
また、発酵食品以外にも胃腸薬に含まれる消化酵素や
洗剤などの酵素製剤などもすべて微生物の働きがあってこそ。
目には見えない何億という微生物たちが、
私たちに発酵という恩恵を授けてくれているのです。
京都の曼殊院門跡に「菌塚」という微生物を祭った塚があると聞き、
2016年の春、桜舞う京都へ出かけてきました。
うっそうとした緑の中に、静かにたたずむその塚を目の前にすると
目には見えない微生物に対し、
あらためて感謝の気持ちになるのでした。
※菌塚への参拝は受付での許可が必要です。

Column
オーダーメイドの米糀

さまざまな糀を試しているうちに
糀にこだわるようになってきました。
そんな時、福井県に蔵に棲みつく天然の糀菌で
糀の加工をしてくれるみそやさんがあると聞き、
10年前からオーダーメイドの糀を作ってもらうようになりました。
オーダーメイドの糀は、お米を選ぶことからできます。
私は、埼玉県吉見町で有機JAS認定の米作りをしている生産者から
玄米を直接送ってもらい、
そのお米に天然の糀菌をつけてもらっています。
玄米糀（玄米のままでは糀菌がつきにくいので三分ほど精米する）から
白米糀まで好みの精米度で糀加工をしてもらえるので、
その時の好みでオーダーできるのが便利です。

2章 甘酒のアレンジとスイーツ&ドリンク

冷たくしても温めても、ぐっと染み入るやさしい味わいの甘酒。
スイーツに使えば、ひと味違う新鮮なおいしさに驚くはずです。

甘酒と聞くと、酒粕から作る甘酒をイメージする方も多いと思いますが、この本でご紹介する甘酒はすべて米糀から作る甘酒を指しています。酒という字がついていますが、糀から作る甘酒はノンアルコールですので、お子さまでもお召し上がりいただけます。

　米糀と60℃前後のお粥（でんぷん）を合わせて6〜8時間ほど経過させると糖化作用が起こり、これによって甘くておいしい甘酒ができあがります。甘酒にはビタミン類や必須アミノ酸、食物繊維などの栄養成分が多く含まれていますので、毎日の食生活にとり入れることで、便秘や肌荒れが改善されて疲労回復にも役立ちます。胃腸が疲れていると感じた時や忙しい時の朝食代わりに、夜遅い食事代わりとしてもおすすめです。

　また白砂糖の代わりに使うことで、からだへの負担を減らし、健康なからだへと導いてくれるので、甘酒はほんとうに優れた発酵食品だと思います。

　甘酒はそのまま食べたり、料理やスイーツ、デザートなどに加えて活用しますが、ミキサーにかけてペースト状にすると他の素材とよりなじみやすくなり、活用の幅も一層広がります。4つのポイントを押さえれば、甘酒作りも楽にできます。

甘酒とは

甘酒作りの **4つの** ポイント

1. 甘酒のタイプ

　甘酒には、大きく分けると下記の3つのタイプがあります。❶かた造りは、やや濃厚で甘さも十分あるタイプでスイーツやお菓子作りに適しています。❷うす造りは、さらりとしていてそのままでも飲みやすいタイプです。❸早造りは、米糀とお湯だけで作るとても濃厚で甘さも強いタイプ。べったら漬けや三五八漬けなどの糀漬けに適しています。用途に決まりごとはありませんので、お好みの組み合わせでお楽しみください。
❶かた造り…… 米糀とお粥を同量で糖化させた甘酒
❷うす造り…… 米糀とお粥が同量＋水を加えて糖化させた甘酒
❸早造り…… 米糀と同量のお湯で糖化させた甘酒

2. お粥

　米糀と合わせるお粥は、うるち米、もち米、雑穀などの穀類と、でんぷんを多く含む野菜で作ることができます。具体的には、穀類は玄米、ぶつき米、白米などで、野菜ではれんこん、里いも、じゃがいも、かぼちゃ、さつまいも、とうもろこしなどが作りやすいです。またお粥は、炊いたごはんに水やお湯を加えてお粥の状態にしたもので大丈夫。残りごはんがあれば、水と一緒に鍋に入れ、温めてお粥にしてもいいのです。いずれもお粥は65℃くらいに冷ましておきます。

3. 発酵させる時の温度

　甘酒を作る時に大切なのは、発酵させる時の温度管理です。温度が低すぎると甘くならなかったり、反対に高すぎると酸味が出てしまうことがあります。発酵する時の温度は60℃前後が理想といわれていますが、一定温度を設定できる道具があれば簡単です。甘酒が十分に甘くならなかったり、酸味が出てしまった時は、それは失敗ではなく「個性的な味」と捉えて、料理やスイーツにご利用ください。発酵させる道具としておすすめは電気炊飯器の保温モードや魔法瓶ポット、ヨーグルトメーカーなど。p.34の「基本の甘酒の作り方」でも紹介しています。

4. 管理

　冷蔵庫で保存していても、容器の内側にピンクや赤っぽい糀菌以外のカビが発生することがあります。残念ですがその時は処分してください。それを防ぐためには必ず清潔な容器を使用し、容器の内側についた水滴はこまめに拭き取りましょう。また、この本で紹介する甘酒は、火入れを行ういわゆる発酵止めをしていません。必ず冷蔵庫で保管して、3週間程度を目安に使い切ってください。冷凍は3カ月くらいが目安です。酵素が生きた甘酒のおいしさをお楽しみいただけます。

基本の甘酒の作り方
How to make Basic Amazake

用意するもの

白米 …… 200g
炊飯用の水 …… 400ml
水 …… 200ml
糀（室温に戻す）…… 200g
電気炊飯器
温度計
木べら
ふきん
ボウル

発酵させる道具

炊飯器以外でも魔法瓶ポットやヨーグルトメーカーなどでもOK。

魔法瓶ポット

ヨーグルトメーカー

1 お粥を作る

電気炊飯器で白米を柔らかめに炊き、水200mlを加えてお粥の状態にする。

2 糀を加える

1のお粥の温度が65℃くらいに下がったら、糀を加える。

3 混ぜる

お粥と糀がなじむようによく混ぜる。糖化が始まり全体に柔らかくなる。

4 温度を調整

温度が60〜65℃になっていることを確認して電気炊飯器の内釜に入る大きさのボウルに移す。

5 発酵の準備

内釜に60℃くらいのお湯を適量入れ、4のボウルを入れる。

6 発酵させる

保温機能をセットして上からふきんをかぶせる。この状態で6〜8時間発酵させる。途中2〜3回かき混ぜて温度を確認する。60℃より下がっていたら内釜のお湯を入れ替え、65℃より上がっていたら水を足して温度を下げる。

黒米の甘酒
Black Rice Amazake

黒米のつぶつぶ感が生かされた味わい深い甘酒です。

材料 作りやすい分量
糀 …… 200g
黒米 …… 170g
炊飯用の水 …… 400㎖
水 …… 200㎖

作り方
1 糀は常温に戻してほぐしておく。
2 黒米はさっと洗い、分量の水を加えて柔らかめに炊く。
3 2に水200㎖を加えてお粥の状態にする。
4 3のお粥の温度が65℃くらいに下がったら、糀を加えて混ぜる。
5 発酵器に入れて、60〜65℃の温度を保ちながら6〜8時間発酵させる。

甘栗の甘酒
Sweet Roasted Chestnuts Amazake

和菓子のような風味。デザートやお茶うけにどうぞ。

材料 作りやすい分量
糀 …… 200g
甘栗 …… 160g
お湯 …… 230㎖

作り方
1 糀は常温に戻してほぐしておく。
2 甘栗は粗みじん切りにする。
3 ボウルに2とお湯を入れ、65℃前後に冷めたら、糀を加えてよく混ぜる。
4 発酵器に入れて、60〜65℃の温度を保ちながら6〜8時間発酵させる。

とうもろこしの甘酒
Corn Amazake

とうもろこしが熟成とともにおいしくなります。

材料 作りやすい分量
糀 …… 200g
生とうもろこし …… 3本
水 …… 150〜200㎖

作り方
1 糀は常温に戻してほぐしておく。
2 とうもろこしは包丁で実をこそぎ落とし、水少々(分量外)を加えてハンドミキサーで混ぜ合わせる。
3 鍋に2と水を入れ、65℃前後に温める。
4 発酵器に3と1を入れて混ぜる。
5 60〜65℃の温度を保ちながら6〜8時間発酵させる。

もちきびの甘酒
Sticky millet Amazake

栄養もボリュームも満点。朝食やブランチにおすすめです。

材料 作りやすい分量
糀 …… 200g
もちきび …… 170g
水 …… 500㎖

作り方
1 糀は常温に戻してほぐしておく。
2 もちきびは目の細かいざるに入れ洗い、水を切っておく。
3 鍋に2と水を入れ、柔らかめに茹でる。
4 発酵器に65℃前後に冷ました3と糀を入れてよく混ぜる。
5 60〜65℃の温度を保ちながら6〜8時間発酵させる。

いちごの甘酒

Strawberry Amazake

いちごの香りがふわっと広がる、春に作りたいフルーツ甘酒。

材料 作りやすい分量
基本の甘酒（p.34）…… 200g
苺 …… 160g

作り方
1 いちごはヘタを取って洗い、水分をふき取り1cm角に切る。
2 基本の甘酒の作り方（p.34）の工程2に1を加え、6〜8時間発酵させる。

れんこんの甘酒

Lotus Root Amazake

シャキシャキとした食感が生きています。

材料 作りやすい分量
- 糀 …… 200g
- れんこん …… 200g
- 水 …… 50～100㎖

作り方
1. 糀は常温に戻してほぐしておく。
2. れんこんは、皮ごとすりおろす。
3. 鍋に2と水を入れ、65℃前後に温める。
4. ボウルに3と糀を入れてよく混ぜる。
5. 発酵器に入れて、60～65℃の温度を保ちながら6～8時間発酵させる。

里いもの甘酒
Taro Amazake

ねっとりした食感が特徴的。甘酒のアイスやブリュレなどにも応用できます。

材料　作りやすい分量

糀 …… 200g
里いも …… 4個
お湯 …… 150〜200㎖
塩 …… 適量

作り方

1 糀は常温に戻してほぐしておく。
2 里いもは皮をむいて1cm角に切り、塩でもみ10分おいてから洗い流す。
3 鍋に2とかぶるくらいの水（材料外）を入れて中火にかけ、柔らかくなるまで煮てお湯を切る。
4 ボウルに3とお湯を入れ、ハンドミキサーで混ぜ合わせる。またはフォークでつぶしてゆるめのペースト状にする。
5 65℃前後に冷めたら、糀を加えてよく混ぜる。
6 発酵器に入れて、60〜65℃の温度を保ちながら6〜8時間発酵させる。

Potato Amazake じゃがいもの甘酒

じゃがいもの風味が生きた仕上がりです。
チャツネ代わりにカレーに加えても。

材料 作りやすい分量
糀 …… 200g
じゃがいも
　…… 小2〜3個
お湯 …… 200〜250㎖

作り方

1 糀は常温に戻してほぐしておく。
2 じゃがいもは皮をむいて1cm角に切る。
3 鍋に**2**とかぶるくらいの水（材料外）を入れて中火にかけ、柔らかくなるまで煮て、お湯を切る。
4 ボウルに**3**とお湯を入れ、ハンドミキサーで混ぜ合わせる。またはフォークでつぶしてゆるめのペースト状にする。
5 65℃前後に冷めたら、糀を加えてよく混ぜる。
6 発酵器に入れて、60〜65℃の温度を保ちながら6〜8時間発酵させる。

かぼちゃの甘酒
Pumpkin Amazake

まるでかぼちゃのスイーツのよう。
このままでどうぞ。

材料 作りやすい分量
糀 …… 200g
かぼちゃ …… 300g
水 …… 200mℓ

作り方

1 糀は常温に戻してほぐしておく。
2 かぼちゃは皮つきのまま1cm角に切る。
3 鍋に2と水を入れ、柔らかくなるまで煮る。
4 ボウルに3を入れ、65℃前後に冷めたら糀を加えてよく混ぜる。
5 発酵器に入れて、60〜65℃の温度を保ちながら6〜8時間発酵させる。

甘酒と桃のスムージー

材料 2人分
基本の甘酒 (p.34) …… 100g
桃 …… 1個
レモンの絞り汁 …… 小さじ1
水 …… 大さじ3
氷 …… 2〜3個

作り方
1 桃は皮をむいて2cm角に切る
2 ミキサーに**1**と残りの材料を入れ、撹拌する。

甘酒とブルーベリーのスムージー

材料 2人分
基本の甘酒 (p.34) …… 140g
ブルーベリー …… 100g
レモンの絞り汁 …… 小さじ1
水 …… 60mℓ
氷 …… 2〜3個

作り方
1 ミキサーにすべての材料を入れ、撹拌する。
＊ ブルーベリーの皮が気になる場合は裏ごしをする。

甘酒とブルーベリーのスムージー　Amazake and Blueberry Smoothie

見た目も美しく、暑さに疲れたからだも元気になります。

甘酒と桃のスムージー　Amazake and Peach Smoothie

暑い季節のおもてなしにもぴったりです。

甘酒と柿のムース
Amazake and Persimmon Mousse

熟した柿があれば、ぜひ作っていただきたいムースです。

材料 2人分
基本の甘酒（p.34）…… 50g
熟した柿 …… 中2個
塩 …… ひとつまみ
水 …… 適量

作り方
1 柿は皮をむき、種を取り除いて1cm角に切る。
2 ボウルに1と残りの材料を入れ、ハンドミキサーで混ぜ合わせる。

甘酒キヌア
Amazake quinoa

温かい甘酒キヌアは朝食代わりにもなります。

材料 2人分
基本の甘酒（p.34）…… 100g
キヌア …… 50g
水 …… 400ml
塩 …… 適量
豆乳 …… 200ml

作り方
1 キヌアはよく洗い水を切る。
2 鍋に水を入れて沸かし、塩をひとつまみ入れて15分茹で、ざるに上げる。
3 別の鍋に2、甘酒、豆乳、塩少々を入れ、中火で温める。

甘酒のアジアン汁粉
Amazake Asian Shiruko

さつまいもとバナナをソテーするのがポイント。ココナッツミルクを加えてアジアン風にしました。

材料 2人分

- バナナ …… 1/2本
- さつまいも …… 中1/2本
- 小豆あん（市販のもの）…… 大さじ2
- 紅花油 …… 大さじ1
- A
  - 基本の甘酒（p.34）…… 大さじ4
  - 豆乳 …… 180㎖
  - ココナッツミルク …… 60㎖
- シナモンパウダー …… 少々
- アガベシロップ …… 大さじ1

作り方

1. さつまいもは2cmの半月切りにして蒸す。バナナは2cmの斜め切りにする。
2. フライパンに紅花油を熱し、**1**を並べ入れて両面に焼き色をつける。
3. 小鍋で**A**の材料を温め、器に入れる。
4. **3**の上に小豆あんと**2**をのせて、シナモンパウダーとアガベシロップをかける。

甘酒のアジアン汁粉

甘酒のアフォガート
Amazake Affogado

甘酒のアイスクリームにアツアツの穀物コーヒーをかけて。

材料 作りやすい分量

アイスクリームの材料
- 基本の甘酒（p.34、ハンドミキサーにかけてペースト状にする）…… 500g
- 豆乳 …… 50ml
- バニラオイル …… 小さじ1/5
- 塩 …… ひとつまみ

穀物コーヒー …… 適量
熱湯 …… 適量

作り方

1 甘酒のアイスクリームを作る。鍋にアイスクリームの材料を入れて中火にかけ、鍋肌から沸いてきたら火を止める。
2 氷水を入れたバッドに鍋ごとつけて粗熱をとる。
3 2を浅めの容器に移して冷凍庫で12時間くらい冷やす。
4 途中1〜2回フォークで混ぜながら固める。
5 固まったら器に入れ、熱湯でいれた濃いめの穀物コーヒーをかける。

甘酒のフルーツポンチ
Amazake Fruit Punch

好きなフルーツを盛り込んでどうぞ。
夏の日のデザートにおすすめです。

材料 4人分

- 基本の甘酒（p.34） …… 170g
- 季節のフルーツ …… 300g
  （桃、メロン、パイナップル、キウイ、ベリーなど好みのもの）
- レモン汁 …… 大さじ1
- 豆乳 …… 100㎖
- 塩 …… ひとつまみ
- 本葛粉パウダー …… 15g
- 水 …… 100㎖
- 炭酸水 …… 適量
- ハーブ …… 適量

作り方

1. メロンはスプーンでくり抜き、桃、パイナップル、キウイは1cm角に切る。
2. ボウルに1と残りのフルーツを入れ、レモン汁を加えて色止めをする。
3. 鍋に水と本葛粉パウダーを入れよく混ぜてから、豆乳と甘酒を入れて中火にかける。
4. ふつふつと沸いてきたら弱火にしてヘラで2〜3分練る。
5. 4の鍋に2と塩を加え、ひと煮立ちさせる。
6. バットに流し入れ、氷水で冷やす。
7. グラスに6と炭酸水を入れて混ぜ、ハーブを飾る

甘酒の蒸しパン
Amazake Steamed Bread

素朴でどこか懐かしい味わいの蒸しパンです。翌日からがよりおいしくなります。

材料　直径18cmの型

A
- 中力粉 …… 250g
- てん菜糖 …… 80g
- 重曹 …… 10g
- 塩 …… ひとつまみ
- 穀物コーヒー …… 大さじ1
- 松の実 …… 適量

B
- 基本の甘酒（p.34） …… 200g
- 水 …… 150㎖
- 米酢 …… 大さじ1と1/2

作り方

1. ボウルに**A**の材料をふるい入れる。
2. 別のボウルに**B**の材料を入れ、ホイッパーで混ぜ合わせる。
3. **2**を**1**のボウルに入れて、ゴムベラで混ぜて型に入れる。
4. 沸騰した蒸し器の中に入れ、強めの中火で35分蒸す。
5. 火を止め、10分ほどそのままにしてから取り出す。

甘酒2種の寒天寄せ
Amazake Jelly

甘酒を粉寒天で固めました。のど越しのいいデザートです。

材料　13cm×14.5cmの流し缶
基本の甘酒（p.34）…… 200g
水 …… 100mℓ
粉寒天 …… 2g
塩 …… ひとつまみ

作り方
1　鍋に水と粉寒天を入れ、混ぜてから点火する。
2　粉寒天が溶けたら基本の甘酒と塩を入れて温める。
3　水で濡らした流し缶に**2**を流し入れ、常温で固める。
＊　黒米の甘酒（p.36）でも同様に作る。

甘酒と豆乳のブリュレ
Amazake and Soymilk Burulee

裏ごしすることでよりなめらかな仕上がりに。
基本の甘酒を里いもやかぼちゃの甘酒に変えてもおいしいです。

材料　100mlのココット4個分
基本の甘酒（p.34）…… 30g
米粉 …… 15g
豆乳 …… 350ml
メープルシロップ …… 大さじ1
紅花油 …… 大さじ1
寒天パウダー …… 1g
バニラビーンズ …… 1/3本
塩 …… ふたつまみ
てん菜糖 …… 適量

作り方

1 ボウルに豆乳の半量と米粉を入れて混ぜておく。バニラビーンズはナイフの先でしごいておく。
2 鍋に残りの豆乳と甘酒、寒天パウダーを入れ、ホイッパーで混ぜてから中火にかける。
3 沸騰したら弱火にし、紅花油を少しずつ加え、さらに混ぜる。
4 メープルシロップ、バニラビーンズ、塩を加える。
5 4に1で混ぜておいた豆乳と米粉を加え、焦がさないようにヘラで混ぜながら加熱する。
6 もったりとしてきたら火を止め、裏ごしをする。
7 ココットに流し入れ、表面にてん菜糖をふりかけてガスバーナーで焦げ目をつける。

甘酒と豆乳のブリュレ 53

Column
甘酒の糖度

加糖をしていないのに甘くておいしい甘酒。
どれくらいの糖度があるのかという疑問が浮かんだので、
糖度計で計ってみました。
この本でご紹介したアレンジ甘酒は、
かぼちゃの甘酒が31％、れんこんの甘酒が33％、
黒米の甘酒が34％ほどでした。
甘酒の濃度にもよりますが、どの甘酒も30％以上に。
ちなみに果物の糖度はというと、
いちごが8〜9％、桃が12〜15％、
みかんが10〜14％、メロンが13〜18％、
ぶどうが10〜21％ほど（同機種ATAGO手持屈折計データ）です。
それと比較すると、甘酒がいかに甘いかということがわかります。

3章 甘酒を使ったごはんのおとも

甘酒の天然の甘みがほんのりときいた漬けものや甘酒納豆。ごはんのおともに大活躍します。

べったら漬け

Bettarazuke

やさしい甘さのべったら漬けは、手作りならではのおいしさです。

材料 作りやすい分量

漬け床
- 基本の甘酒(p.34) …… 200g
- みりん …… 大さじ1と1/3
- 塩 …… 小さじ1/2

大根の下漬け
- 大根 …… 中1/2本
- 塩 …… 大根の重量の3%
- 水 …… 少々

作り方

1 漬け床を作る。清潔な密閉容器に漬け床の材料を入れて混ぜる。

2 大根の下漬けをする。大根は10cm程度の長さに切り、縦に4等分して塩をすり込む。

3 ボウルに2の切り口を下にして並べ、水を加えて落としぶたをする。重石をして2日間ほど漬ける(夏は冷蔵庫へ)。

4 3を盆ざるに上げて水を切り、さらにキッチンペーパーで水分を拭き取る。

5 ポリ袋に1と4を適量入れ、袋の外側から軽くもみ、空気を抜いて口をしばる。

6 5を冷蔵庫に2〜3日入れておく。

7 6を取り出して切り、ポリ袋に残った漬け床をかける。

* ポリ袋に残った漬け床は、煮ものや炒めものの調味料として使えます。
* 漬け床は冷蔵庫で1カ月間保存可能。

べったら漬けのにんじんソテー

Bettarazuke Carrot Saute

べったら漬けの漬け床で作る簡単な一品。炒めた千切りにんじんと糀の組み合わせは、想像以上のおいしさです。

材料 2人分
にんじん …… 中1本
べったら漬けの漬け床(p.56)
　…… 適量
塩 …… 少々
ごま油 …… 少々

作り方
1 にんじんは千切りにする。
2 フライパンにごま油を熱し、にんじんを炒めて塩をふる。
3 2にべったら漬けの漬け床を入れて炒め合わせる。

酒粕と甘酒の合わせ漬け
Sake cake and Amazake Pickle

甘酒と酒粕のふたつのおいしさを同時に味わえる漬けものです。漬け床もそのまま盛り付けます。

材料 作りやすい分量

漬け床
- 酒粕 …… 150g
- 基本の甘酒 (p.34) …… 100g
- 塩 …… 小さじ1
- お湯 …… 70㎖

野菜（きゅうり、セロリ、プチトマト、かぶなど好みのもの）…… 適量
塩 …… 野菜の重量の3％

作り方

1 漬け床を作る。酒粕は細かく切ってすり鉢に移し、お湯を少しずつ加えて擂る。
2 1に甘酒と塩を加えてさらに擂り、なめらかになったら密閉容器に移す。
3 野菜は食べやすい大きさに切り、塩をまぶして10分ほどおく。
4 3をキッチンペーパーで水分をふき取り、2に漬ける。
5 冷蔵庫に5〜10時間入れた後、洗わずに漬け床とともに盛り付ける。

3.5.8 Zuke

三五八漬け

かぶやにんじんなどの根菜、りんごや桃などの果物でもおいしくできます。

材料 作りやすい分量

漬け床の材料
　基本の甘酒（p.34）…… 250g
　塩 …… 大さじ1と1/2
　鷹の爪 …… 1本

野菜（きゅうり、なす、ゴーヤ、みょうが、プチトマト、かぶ、アボカドなど好みのもの）
　…… 適量
塩 …… 適量

作り方

1 漬け床を作る。清潔な密閉容器に漬け床の材料を入れて混ぜる。
2 漬ける野菜に塩をすり込み、食べやすい大きさに切る。
3 ポリ袋に1と2を入れ、袋の外側から軽くもみ、空気を抜いて口をしばる。
4 冷蔵庫に半日〜1日入れる。
5 4を取り出して切り、ポリ袋に残った漬け床をかける。
* 漬け床は必要な分だけ取り出して使うと、最後まで無駄なく使えます。
* 漬け床は冷蔵庫で1カ月間保存可能。

甘酒納豆
Amazake Natto

毎日食べても飽きないおいしさ。ごはんがすすみます。

材料 2人分
粒納豆 …… 50g
基本の甘酒（p.34）…… 大さじ2
塩 …… 小さじ1/3
ごま油 …… 小さじ1/2
薬味（長ねぎ・みょうが・大葉など）
…… 適宜

作り方
1 納豆を包丁でたたいて細かくする。
2 器に**1**と他の材料すべてを入れてよく混ぜる。

4章 甘酒を使った合わせダレ

甘酒をハンドミキサーにかけて調味料と混ぜるだけの簡単合わせダレ。いつもの炒めものに使えば、ひと味変わります。

甘酒の合わせダレを作りましょう

身近な調味料で作れる甘酒の合わせダレ。甘酒をハンドミキサーにかけてペーストにしてから調味料と合わせます。冷蔵庫で1週間ほど保存できます。

Amazake + Soy sauce
甘酒＋しょう油
2：1

Amazake + Tomato ketchup
甘酒＋トマトケチャップ
1：1

Amazake + Gochujang
甘酒＋コチュジャン
2：1

Amazake + Worcestershire sauce
甘酒＋ウスターソース
2：1

きのこ炒め
Stir-fry Mushrooms

甘酒＋しょう油のタレが
きのこの旨味をグンと引き出します。

材料 2人分

- 甘酒＋しょう油のタレ …… 大さじ2
- ブラウンマッシュルーム …… 6個
- しめじ …… 1/2パック
- 舞茸 …… 1/2パック
- えのき茸 …… 1/2袋
- しいたけ …… 4枚
- しょうがの絞り汁 …… 小さじ1/2
- 塩 …… ひとつまみ
- パセリのみじん切り …… 適量
- 植物油 …… 大さじ2/3

使用する合わせダレ

甘酒＋しょう油

p.62

作り方

1. マッシュルームは石づきを取り、1/2に切る。しめじと舞茸は手で食べやすい大きさにさく。しいたけは石づきを取り、そぎ切りにする。えのき茸は1/2の長さに切ってほぐす。
2. フライパンに油を熱して1のきのこ類を炒め、塩をふる。
3. 全体がしんなりとしたら、タレを加えて混ぜ、最後にしょうがの絞り汁を加える。
4. 器に盛り付け、パセリを散らす。

焼きうどん
Yaki Udon

甘酒＋ウスターソースのタレは濃厚すぎず、全体をいいあんばいにまとめてくれます。

材料 2人分
甘酒＋ウスターソースのタレ …… 大さじ3
うどん（乾麺）…… 130g
キャベツ …… 100g
長ねぎ …… 1/2本
きくらげ（乾燥）…… 3g
にんじん …… 1/3本
塩 …… 適量
ごま油 …… 大さじ1
青のり …… 少々

作り方
1. うどんは表示通りに茹でて水を切っておく。
2. きくらげは水で戻して固い部分を取り、千切りにする。
3. キャベツは食べやすい大きさに切り、長ねぎは斜め薄切り、にんじんは千切りにする。
4. フライパンにごま油を熱し、キャベツ、長ねぎ、きくらげ、にんじんを炒め、塩少々を加える。
5. 4に1とタレを加え、塩で味をととのえる。
6. 皿に盛り付け、青のりを散らす。

使用する合わせダレ
甘酒＋ウスターソース

p.62

レタス炒め
Stir-Fried Lettuce

甘酒＋トマトケチャップのタレがあれば調味も簡単！強火でさっと炒めます。

材料 2人分
- 甘酒＋トマトケチャップのタレ …… 大さじ2
- レタス …… 1個
- オリーブオイル …… 大さじ1
- 塩 …… 少々

作り方
1. レタスは1枚ずつはがし、手で大きめにちぎる。
2. フライパンにオリーブオイルを熱して**1**を入れ、強火でさっと炒めて塩をふる。
3. 全体がしんなりとしたら、タレを加えて混ぜる。

使用する合わせダレ
甘酒＋トマトケチャップ

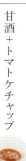

p.62

トッポギ
Toppogi

定番の韓国料理も甘酒＋コチュジャンのタレで簡単にできます。

材料 2人分
甘酒＋コチュジャンのタレ …… 大さじ3
トッポギ（棒餅）…… 120g
長ねぎ …… 1/2本
えのき茸 …… 1/2袋
せり …… 1/2袋
塩 …… 少々
ごま油 …… 大さじ1

作り方
1 トッポギは袋の表示通りに茹でる。
2 長ねぎは斜め薄切り、せりはざく切り、えのき茸は1/2の長さに切ってほぐす。
3 フライパンにごま油を熱し、長ねぎとえのき茸を炒め、塩をふる。
4 3にトッポギ、せり、タレを加えて混ぜる。

使用する合わせダレ
甘酒＋コチュジャン

p.62

Column
甘酒が納豆に!?

ある日、冷蔵庫から黒米の甘酒を取り出して
カップに入れようとしたその瞬間、
アッと息を飲みました。
甘酒が糸をひいていたのです。
おそるおそる鼻を近づけて、その匂いを確かめてみると
それは、まぎれもなく納豆の匂いでした。
そういえば前日、キッチンに黒米の甘酒と納豆を隣同士に置いたので、
納豆の菌糸が甘酒に入り、納豆菌が優勢になってしまったようです。
2週間を過ぎると黒米納豆の糸引きは次第に弱まり、
最終的にはもとの黒米甘酒に戻っていました。
その間、納豆菌と糀菌は互いに折り合いをつけながら、
腐敗という結果を選ばなかったというところは素晴らしいと思います。

5章 あると便利な糀の調味料

一度食べたらその味の深さに驚いて、
きっとまた作ってしまうでしょう。
さまざまな料理に使えて便利で美味、
作り置きしておきたい糀の調味料です。

コチュジャン
Gochujang

旨味があり、辛さも控えめなので和食ともよく合います。煮ものや炒めものにちょっと加えるだけで味に深みが出ます。

材料 できあがり約700g分
基本の甘酒（p.34） …… 全量
粉唐辛子（細挽き） …… 50g
塩 …… 大さじ1と1/2

作り方
1 基本の甘酒はハンドミキサーにかけてペースト状にする。
2 厚手で深めの鍋に **1** を入れて中火にかけ、ふつふつと沸いてくるまで混ぜながら加熱する。
3 いったん火を止めて、粉唐辛子を加える。
4 再び火にかけ、弱火で全体の量が2/3程度になるまで15〜20分ほど煮詰める（焦げやすいので絶えずヘラで混ぜる。手を止めるとハネ上がってくるので火傷に注意する）。
5 粉唐辛子のかたまりがなくなったら、塩を加える。
6 全体にとろみがついたら火から下ろし、そのまま冷ます。完全に冷めたら小分けにして保存。冷蔵で3カ月、冷凍なら6カ月が目安。

コチュジャンを使って

豆腐チゲ
Sandubu Jigae

シンプルな豆腐チゲも手作りのコチュジャンを使えばおいしさも倍増です。

材料 2人分

にんにく …… 1片
しょうが …… 1片
絹豆腐 …… 1丁
長ねぎ …… 1/2本
舞茸 …… 1/2パック
しめじ …… 1/2パック
しいたけ …… 4枚
昆布だし …… 適量
ごま油 …… 適量
すりごま …… 適量
糸唐辛子 …… 適量

チゲのタレ（材料を混ぜておく）
　コチュジャン（p.70）…… 小さじ2
　みそ …… 小さじ2
　しょう油 …… 小さじ1

作り方

1 にんにくとしょうがはみじん切りにする。
2 長ねぎは斜め薄切り、豆腐は6等分、しいたけはそぎ切り、舞茸としめじは食べやすい大きさに分ける。
3 鍋にごま油を熱し、にんにくとしょうがを炒めて香りが立ったらチゲのタレを加える。
4 昆布だしを入れ、沸いたら長ねぎときのこ類を加えて煮込む。
5 最後に豆腐を入れて温め、すりごまと糸唐辛子をトッピングする。

糀の万能ドレッシング
All-purpose Koji Dressing

すりおろしのりんごと玉ねぎが入った糀の万能ドレッシング。材料を合わせ、糀が柔らかくなったら使えます。甘さと旨味のバランスが絶妙で、サラダをはじめ、チャツネ代わりにカレーに加えたり、ソースやドレッシングのベースにも利用できます。

材料 作りやすい分量

- 糀 …… 100g
- りんごのすりおろし …… 80g
- 玉ねぎのすりおろし …… 80g
- にんじんのすりおろし …… 30g
- しょうがのすりおろし …… 7g
- しょう油 …… 大さじ4
- 鷹の爪 …… 1本

作り方
1. 清潔なボウルにすべての材料を入れて混ぜる。
2. 清潔なビンまたは保存容器に移し、冷蔵庫で保存する。

 糀の万能ドレッシングを使って

Korean-style Salad 韓国風サラダ

万能ドレッシングに酢とごま油をプラスすれば、さっぱりとした韓国風サラダのできあがりです。

材料 2人分

ドレッシングの材料
- 糀の万能ドレッシング（p.72）…… 大さじ2
- 米酢 …… 大さじ1/2
- 白みそ …… 小さじ1/2
- ごま油 …… 小さじ1/2
- 塩 …… 少々

コリアンダー …… 1袋
クレソン …… 1袋
ベビーリーフ …… 1パック
松の実（炒ったもの）…… 適量

作り方

1 小さめのボウルにドレッシングの材料を入れて混ぜる。
2 コリアンダーとクレソンは柔らかい葉の部分を摘む。
3 大きめのボウルに2とベビーリーフを入れ、1のドレッシングを加えて和える。
4 皿に盛り付け、松の実を散らす。

金山寺みそ

Kinzanji Miso

大豆の代わりに板状の乾燥糀を使います。やや甘めの金山寺みそです。

材料 作りやすい分量

- 板状の乾燥糀 …… 100g
- 大麦 …… 100g
- お湯 …… 200mℓ
- 塩 …… 適量
- なす …… 3本
- みょうが …… 4個
- しょうが …… 10g
- みりん …… 大さじ3
- 米飴 …… 100g

作り方

1 糀は手でほぐして細かくする。大麦はよく洗い、たっぷりのお湯（分量外）で10〜15分ほど茹で、ざるに上げてお湯を切っておく。
2 小さめのボウルにお湯を入れて塩大さじ1を溶かし、60℃に冷ましておく。
3 なすはヘタを取って1cm角に切り、なすの重量の3%の塩でもみ、軽く重しをして1時間おく。みょうがとしょうがは細切りにする。
4 大きめのボウルに糀と2を入れてよく混ぜ、ラップをして30分蒸らす。
5 4に茹でた大麦、水気をしっかり絞ったなす、みょうが、しょうが、みりん、米飴を入れて混ぜる。
6 表面にラップをはり、皿などで軽く重しをして半日ほど常温におく。その後冷蔵庫で低温熟成させる。4〜5日で食べ頃になる。

甘みそ
Sweet Miso

時間と手間のかかる自家製みそも甘みそなら仕込み時間はわずか24時間。その後は冷蔵庫でゆっくりと熟成させます。

材料 できあがり650〜700g分 ※塩分濃度5.5〜6％

乾燥大豆 …… 150g
糀 …… 200g
塩 …… 40g
湯冷まし …… 100〜120㎖

作り方

1 大豆は洗って一晩浸水した後、指で軽くつぶれるくらいまで柔らかく煮る。
2 塩切り糀を作る。大きめのボウルに常温に戻した糀と塩を入れ、よく混ぜ合わせる。
3 **1**の大豆が煮えたらざるに上げて煮汁を切り、温かいうちにつぶす。
4 湯冷ましを少しずつ加え、耳たぶくらいの柔らかさに調整する。
5 **4**の大豆が人肌に冷めたら**2**の塩切り糀と混ぜ合わせる。
6 **5**を発酵器に入れ、60℃で24時間熟成させる。雑菌が入らないよう熟成中はふたを開けないこと。
7 常温で粗熱をとり、冷蔵庫で低温熟成させる。1週間くらいで食べ頃になる。

＊ 発酵器がない場合は、ジッパー付き袋に入れて1〜2日常温におく。1日に数回、袋の上から軽くもんで全体をなじませる。その後は冷蔵庫で保存する。

小なすのからし糀漬け
Small eggplants pickled in Karashi Koji

からしとしょう油に糀の風味がプラスされた糀漬けは、時間が経つほどにおいしくなります。残った糀の漬け床は他の料理に応用して。

材料 作りやすい分量

小なす …… 400g
塩 …… 小なすの重量の3％（12g）
糀 …… 200g
ぬるま湯 …… 230〜330㎖
しょう油 …… 110㎖
からし粉 …… 6g

作り方

1 ボウルにへたを取った小なすを入れて塩をまぶし、重しをして半日ほど漬ける。
2 別のボウルに糀とぬるま湯を入れて混ぜ30分おいた後、しょう油とからし粉を加えて混ぜ合わせておく。
3 保存容器に水気をしっかりと絞った**1**と**2**を入れて冷蔵庫で保存する。
4 1週間ほどで食べ頃になる。小なすは洗わずに、食べやすい大きさに切って器に盛る。

Column
糀のうるおいローション
Koji Moisture Lotion

糀を扱う職人の手が白いといわれていることに
ヒントを得て作りました。
糀に含まれる美肌成分を時間をかけて
ゆっくりと引き出したローションです。
清潔な手またはコットンに含ませて
顔や全身になじませてください。

材料 できあがり230㎖分
糀 …… 80g
50℃のお湯 …… 320㎖

作り方
1 糀は室温に戻してほぐしておく。
2 清潔な容器に 1 とお湯を入れ、よく混ぜ合わせる。
3 常温で半日ほどおいて糀が柔らかくなったら冷蔵庫へ移し、
　 1〜2日熟成させてからガーゼでこす。
＊ 冷蔵庫で3週間ほど保存可能。
＊ 使用前に必ずパッチテストを行い、肌に合わない場合は使用を控える。

あとがき

「幸腹」を祈って……

私の糀生活は甘酒からはじまりました。
いまから18年ほど前になりますが、
当時わたしは大腸がんのため、かなり体調を崩していました。
手術と治療にからだは大きなダメージを受け、
食事ものどを通らないほどの状態でした。
そしてある日、担当医師からは余命数カ月とまで宣告されてしまったのです。
ああ、私の人生もこれまで、と生きる希望を失かけていたある時、
病院の図書室でふと手にした雑誌をめくると、
そこには米糀から作る甘酒が掲載されていました。
発酵の分野で有名な先生の記事で
「飲む点滴同様で消化に優れ、美容と健康に良い」と書かれてあり、
なぜかその言葉に強く引き寄せられたのです。
さっそく糀の甘酒を買って飲んでみると、
自然の甘みがすぐに気に入りました。
糀はものすごいパワーがあると感じた瞬間でもあり、
「元気になるから、糀をためしてごらん」
そんなふうに糀がささやいているような気もしました。
毎日飲み続けたい。
でも市販のものではコストがかかります。
それなら自分で作ってみようと思い、
自然食品店やインターネットで糀を購入して甘酒を作り始めました。
試していくうちに糀と米の種類によって、
甘さに違いがあることもわかってきました。
そんなある日、知人から福井県のみそやさんで
自分好みの米糀をオーダーメイドできると聞き、
私もさっそく作ってもらうことにしました。
ふだん食べている有機栽培の玄米を10kg送り、
好みの精米にしてもらってから糀菌をつけてもらうというシステムです。
いまは、培養した糀菌で作る糀が主流といわれていますが、
そこでは蔵に棲みつく天然の糀菌を採取して糀をつけてくれるのです。
スーパーや百貨店などで売られている糀は、
軽量化を図るためと日持ちをよくするために
熱風を当てた乾燥糀が主ですが、そこでは生糀のまま送り返してくれます。
そして、有機栽培米＋蔵に棲みつく天然の糀菌で作られた

オーダーメイド糀ができあがりました。
両手の平ですくい上げると、
ふわ〜っと生糀独特の何ともいえない良い香りが立ちます。
その生糀を使って、甘酒の他にみそ、べったら漬けや三五八漬けなどの漬物、
コチュジャンやからし糀など、
それまで買っていたものも自分で作れるようになりました。
それはもう楽しくて仕方ありません。
こうして作り続けているうちにあっという間に18年が過ぎていきました。
いまでは体調もすっかり良くなり、
念願だった料理教室を開く夢も叶いました。
新しいメニューを考える時、和食、洋食、中華、
スイーツやデザートに至るまで、そのほとんどに甘酒や糀を取り入れています。
はじめは白砂糖を甘酒に変えることから始めましたが、
それがいかに健康に役立つかがだんだんと実感できるようになってきました。
糀を毎日の食生活に取り入れてきた結果、
胃腸の調子が良くなり、便秘や肌あれが解消され、
体力もついて疲れにくいからだになったことは、
確かな実感として日々感じています。
現在、私たちは食品をはじめ医薬品や工業製品などに
さまざまな分野で糀菌の恩恵を受けていますが、
無条件に与え続けてくれる糀菌には常に感謝の気持ちでいっぱいです。
糀のない食事作りなんていまではとても考えられません。
私にとって糀は家族や友だちのような身近で大切な存在だからです。
時々、温度はどう？とか、おいしくなってね！などと
糀に声をかけることもありますが、きっと伝わっていると信じています。
温度や分量をいい加減に仕込んでしまうこともありますが、
いつもおいしく仕上げてくれるのですから、
糀菌は実に懐の深い生物だと思います。
その糀の魅力を世界中の人たちにもっと知ってもらいたいと願い、
レシピに英訳を入れました。
またベジタリアンやヴィーガンの方たちにも作ってもらえるよう、
レシピは肉、魚介類、卵、乳製品、白砂糖を使わずに作りました。
糀のある食卓は、私たちを心豊かにさせてくれます。
糀の素晴しさを一緒に分かち合えたらうれしいです。
最後にこの本を手にしてくださった皆さまの「幸腹」を心よりお祈りいたします。

かわなべ みゆき
2016年12月快晴

撮影後は糀料理でテーブルがいっぱいになり、みんなでいただき、「幸腹」になりました。

Recipes in English

Soy sauce Koji » p.11

INGREDIENTS
300g Koji
500ml Soy sauce

1. Bring the Koji back to room temperature.
2. Warm soy sauce in a pan until it reaches at about 60℃.
3. Mix 1 and 2 well in a clean airtight container.
4. Cover a container lightly. Stir at any given time. Leave it for a day at room temperature.
5. Then keep it in the refrigerator.

Salt Koji » p.11

INGREDIENTS
Salt density about 8%
300g Koji
50g Salt
350ml Water (60℃)

1. Bring the Koji back to room temperature.
2. Mix 1 and salt in a clean bowl.
3. Mix 2 and hot water well in a clean airtight container.
4. Cover a container lightly. Stir at any given time. Leave it for a day at room temperature.
5. Then keep it in the refrigerator.

★ Process the Salt Koji with a hand blender for a smoother consistency.

Tofu Pickled in Salt Koji » p.11

INGREDIENTS
Some Salt Koji
1 cake of firm tofu
Some yuzu zest

1. Mix Salt Koji and yuzu zest in a bowl.

2. Blanch tofu, and then put it on a bamboo sieve. When it cools down, wrap it in paper towel. Lightly weigh the tofu down to drain well in a refrigerator.
3. Cut tofu into 6 mounds and remove fluid with paper towel.
4. Put 1 into a clean airtight container and then 3. Put 1 again on top.
5. Keep it in refrigerator for 2 - 3 days.

Salt Koji + Coriander sauce » p.13

100g Salt Koji
30g Coriander (soft part of leaves)
★ Mix all ingredients with a hand blender.

Soy sauce Koji + Watercress sauce » p.13

100g Soy sauce Koji
80g Watercress (soft part of leaves)
★ Mix all ingredients with a hand blender.

Karashi Koji » p.14

INGREDIENTS
200g Koji
10g Karashi powder
150ml Tepid water
4 tbsp Soy sauce
2 tbsp Beet sugar
1 tbsp Perilla flower

1. Bring the Koji back to room temperature.
2. Mix karashi powder and tepid water well in a small bowl.

3. Put 1, 2, soy sauce, beet sugar, and perilla flower in a clean airtight container. Then, mix them well.
4. Leave it at room temperature for half a day. Stir occasionally. Then, keep it in a refrigerator.

Red Pepper Koji » p.14

INGREDIENTS
150g Koji
50g Cracked pepper powder
15g Grated yuzu zest
180ml Soy sauce
50ml Mirin
20g Beet sugar
2 tbsp Rice syrup

1. Bring the Koji back to room temperature.
2. Combine the ingredients in a bowl. Mix well.
3. Put 2 in either a clean bottle or a container. Keep it in cold dark place or refrigerator.

Green Chili Koji » p.15

INGREDIENTS
150g Koji
100g Green chili or Green pepper
130 - 160ml Soy sauce

1. Bring the Koji back to room temperature. Remove seeds from Green chilies. Finely chop them.
2. Mix 1 and the soy sauce well in either a clean bottle or a container.
3. Leave it at room temperature for half a day. Stir occasionally. Then, keep it in a refrigerator.

Pan-roasted Lotus Root » p.16

INGREDIENTS for two
2 tbsp Soy sauce Koji
1 Middle section of Lotus root
1 and 1/2 tbsp Sesame oil

1. Cut the lotus root into 1cm thickness with half-moon shape. No need to peel the skin.
2. Put the sesame oil on a heated frying pan, and place the lotus root slices prepared in direction 1 in the frying pan. Flip them to brown both sides on medium heat.
3. Cover the frying pan to steam and roast the lotus root slices on low heat. Turn them out when steaming and roasting.
4. When the lotus root slices are thoroughly cooked, braise them with Soy sauce Koji.

Manganji Togarashi and Deep-fried Tofu » p.17

INGREDIENTS for two
10 Manganji Togarashi
1 Deep-fried tofu
1 tbsp Soy sauce Koji
1 tsp Rice vinegar
Some shredded ginger
1 tbsp Sesame oil
50ml Kombu dashi

1. Hull Manganji togarashi. Make holes on the Manganji Togarashi surface using a wooden spit. If they are too long, cut them in half lengths. Cut deep-fried Tofu into bite-size pieces.
2. Warm sesame oil in a pot. Add ginger and saute them. Cook it until there's a pleasant aroma. Add the Manganji Togarashi and fry.
3. Add Kombu dashi and deep-fried Tofu. Add the Soy sauce Koji into simmering water. Boil down until simmering water disappears.
4. Pour rice vinegar like drawing circle.

Simmered Pumpkin » p.18

INGREDIENTS
1/4 Pumpkin
1 tbsp Soy sauce Koji
Some water
1 tsp Rice vinegar

1. Scoop out pumpkin guts and seeds. Peel pumpkin skin partly.
2. Cut pumpkin into a bit large bite-size pieces. Chamfer each piece.
3. Put pumpkin with the skin-side down in a pot. Add water up to 1/3 height of each pumpkin. Put a covered pot over the medium heat.
4. After boiling, cook it over low heat for 7 - 8 minutes.
5. Add the Soy sauce Koji into simmering water. Simmer until each pumpkin become soft. Take a pot lid off, and simmer them again until simmering water nearly disappears.
6. Pour rice vinegar like drawing circle.

Salt Koji Bagna Càuda » p.19

INGREDIENTS for two
80g Salt Koji
1 tbsp Olive oil
1/2 tsp Grated garlic
2 tbsp Soymilk (soymilk solid should be more than 12%)
A pinch of black pepper
Vegetables (carrot, cucumber, broccoli, cauliflower, chicory, radish etc.) as needed

1. Cut vegetables.
2. Combine the ingredients except for olive oil in a bowl. Mix well.
3. Add olive oil into 2 little by little to emulsify.
4. Heat 3 in a heatproof pot.

Leaf Bud Salt Koji Pasta » p.20

INGREDIENTS for two
3 tbsp Salt Koji
5g Leaf buds
1 tsp White miso
1/2 tsp Soy sauce
100g Short Pasta
4 Green beans
30g Broccoli
1/2 Potato
Some olive oil

1. Prepare leaf bud Salt Koji. Chop leaf buds. (Leave two or three leaves for topping)
2. Mix 1, Salt Koji, White Miso, and Soy sauce in a bowl.
3. Boil the short pasta with a pinch of salt (not included in INGREDIENTS).
4. Cut vegetables into easy-to-eat sizes. Then, boil vegetables with the short pasta. Make sure to put potatoes, green beans, and broccoli in order.
5. Mix 2 and 4 in a bowl.
6. Put them on a plate. Pour olive oil and top with leaf buds on the dish.

4. Spread 3 on 3 slices of white bread. Place the rest of sliced bread on top, then cool them down in a refrigerator. Cut before you eat.

Simmered Taro in Salt Koji » p.22

INGREDIENTS for two
6 Small taro
2 tbsp Salt Koji
1 tbsp Lemon juice
Some grated lemon zest

1. Peel the taro. Rub some salt (not included in INGREDIENTS) on the taro using both hands to draw out the sliminess.
2. Wash 1 in water, then parboil 1.
3. Put 2 in a cooking pot. Put the water to cover 1 and boil until the bamboo skewer easily comes out.
4. Add Salt Koji. Boil 1 until it becomes condensed. Add lemon juice for finish.
5. Place 4 in a serving dish, and put some grated lemon zest.

Salt Koji and Tofu Avocado Sandwich » p.21

INGREDIENTS for two
1 (rather big) Avocado
100g Firm tofu
1 and 2/3 tbsp Salt Koji
50g Onion
Some lemon juice
6 slices of white bread (cut in 12 slices)

1. Remove a seed from avocado. Scoop out the avocado flesh with a spoon. Put it in a bowl and pour lemon juice. Squash the avocado flesh.
2. Remove the excess water from parboiled firm tofu with paper towels. Chop onions and put some salt (not included in INGREDIENTS) on them. Leave them for 10 minutes and squeeze the excess water with paper towels.
3. Mix 1, 2 and Salt Koji in a bowl.

Steamed Soybean Sprouts » p.23

INGREDIENTS for two
2/3 tbsp Salt Koji
1/2 bag of Soybean sprouts
Some green perilla leaves
1/5 tsp Curry powder
Some salt

1. Wash soybean sprouts pulling away the tail at the end of them. Drain well, and set aside.
2. Bring a pot of salted water to boil. Add the soybean sprouts, and cook over gentle heat for about five minutes. Drain and let them cool on a bamboo sieve.
3. Stir in and toss the soybean sprouts prepared in direction 2 until well coated with the Salt Koji and curry powder.
4. Sprinkle with shredded green perilla leaves.

Tofu Salt Koji Potato salad » p.24

INGREDIENTS for two
3 Potatoes
2 - 3 tbsp Tofu pickled in Salt Koji (see page 11)
Some Fresh basil
Some Pepper
1/2 tbsp Lemon juice
Some pine nuts

1. Peel potatoes and cut into 2 cm pieces. Boil until they become soft.
2. Mix 1 and Tofu pickled in Salt Koji in a bowl.
3. Add torn fresh basil with hands, lemon juice and pepper in 2.
4. Serve in a plate. Add some pine nuts at the end.

Soy sauce Koji and Watercress Steamed Broccoli » p.26

INGREDIENTS for two
2 tbsp Soy sauce Koji + watercress sauce
1/2 head broccoli

1. Cut the trunks of each floret to break the florets into several smaller pieces. Boil them rather hard, and let them cool on a bamboo sieve.
2. Mix 1 and sauce in a bowl, then place them in a serving dish.

Salt Koji and Coriander Cold Pasta » p.25

INGREDIENTS for two
100g Cappellini
2 tbsp Salt Koji and Coriander sauce
1 tbsp Olive oil
1 tsp Lemon juice
Some Coriander leaves
Some Roasted Pine nuts

1. Boil the cappellini as following the time on the package. Rinse the cappellini and drain the pasta through a colander.
2. Put 1, Salt Koji and coriander sauce, olive oil and lemon juice altogether in a bowl. Mix them well.
3. Place 2 on a plate. Sparkle some coriander leaves and roasted pine nuts on top.

Red Pepper Koji Tagine » p.27

INGREDIENTS for 2 - 3 person
A | 1 Onion
    | 1 Eggplant
    | 1 Zucchini
    | 1 Potato
B | 30g Broccoli
    | 2 Green peppers
    | 1/2 Paprika
    | 2 Green beans
    | 4 Cherry tomatoes
    | 2 Asparagus
    | 4 Broad beans
1 tsp Chopped garlic cloves
2 tbsp Olive oil
1 tbsp Red pepper Koji
Some salt
Some white wine

1. Scrape off the scales on the spears. Boil broad beans in advance. Cut all vegetables into easy-to-bite sizes.
2. Warm olive oil in a pot. Add chopped garlic cloves and saute them until they become fragrant. Place vegetables listed in A in a pot. Cover the lid. Pour some white wine and a pinch of salt. Braise them for about 10 - 15 minutes.
3. Add vegetables listed in B into 2, and sparkle some salt. Heat them for five minutes.
4. Put red pepper Koji on the top of 3. Braise them for 1 - 2 minutes more.

Potherb with Karashi Koji » p.28

INGREDIENTS for two
1 Cucumber
2 Japanese ginger
8 Green Perilla leaves
2 tbsp Karashi Koji

1. Slice vegetables thinly.
2. Mix 1 and Karashi Koji well in a bowl.

How to make Basic Amazake » p.34

What you need to make Basic Amazake:
200g polished rice, 400ml water to cook rice, 200ml water, 200g Koji (room temperature), electric rice cooker, thermometer, wooden spatula, dish cloth, bowl

1. Make rice porridge
   Cook polished rice soft with an electric rice cooker. Add 200ml water to make it porridge.
2. Add Koji
   When the temperature of porridge reaches at about 65℃, add Koji.
3. Stir
   Mix rice porridge and Koji well.
   A process called "saccharification" begins.
4. Adjust the temperature
   Check if the temperature becomes at around 60-65℃. Put mixture into a bowl which can be fitted in a pot inside an electric rice cooker.
5. Preparation for fermentation
   Pour hot water at about 60℃ in a pot inside an electric rice cooker. Put a bowl prepared in 4 in it.
6. Fermentation
   Put it in a thermal insulation state, and put dish cloth on it. Leave it for 6 - 8 hours to ferment. Stir 2 or 3 times and check the temperature. If hot water inside a pot becomes under 60℃, replace hot water. If above 65℃, pour cold water to cool down.

Black Rice Amazake » p.36

INGREDIENTS
200g Koji
170g Black Rice
400ml Water for boiling rice
200ml Water

1. Bring the Koji back to room temperature. Then, gently crumble the Koji.
2. Wash black rice quickly in water. Cook rice with 400ml water.
3. Add 200ml water into 2 to make it porridge-like.
4. When the porridge cools to about 65℃, add the Koji. Mix them well.
5. Put 4 in the fermenter. Ferment 4 at between 60℃ to 65℃ for 6 - 8 hours.

Sweet Roasted Chestnuts Amazake » p.36

INGREDIENTS
200g Koji
160g Sweet roasted chestnuts
230ml Hot water

1. Bring the Koji back to room temperature. Then, gently crumble the Koji.
2. Chop sweet roasted chestnuts.
3. Put 2 and hot water together in a bowl. When cooling to around 65℃, add the Koji. Mix well.
4. Put 3 in the fermenter, keeping the temperature at between 60℃ to 65℃, for 6 - 8 hours.

Corn Amazake » p.37

INGREDIENTS
200g Koji
3 ears of fresh corn
150 - 200ml Water

1. Bring the Koji back to room temperature. Then, gently crumble the Koji.
2. Cut the kernels off the cobs with a knife. Add a little water (not included in recipe). Beat them with a hand blender.
3. Put 2 and water into a pot. Warm it until it reaches around 65℃.
4. Put 3 and 1 in a fermenter. Mix well.
5. Ferment 4 for about 6 - 8 hours at between 60℃ to 65℃.

Sticky millet Amazake » p.38

INGREDIENTS
200g Koji
170g Sticky millet
500ml Water

1. Bring the Koji back to room temperature. Then, gently crumble the Koji.
2. Wash sticky millet in a fine sieve. Drain off the water.
3. Put 2 and water in a pot to boil until it becomes soft.
4. Cool 3 down to around 65℃. Then, put 3 and the Koji in a fermenter. Mix well.
5. Ferment the mixture, keeping the temperature at between 60℃ to 65℃, for 6 - 8 hours.

Strawberry Amazake » p.39

INGREDIENTS
200g Basic Amazake (see page 34)
160g Strawberries

1. Hull strawberries and wash them in water. Wipe off excess moisture in a clean towel. Cut them into 1cm cubes.
2. Add 1 into the process 2 in "how to make Basic Amazake" (see page 34), and ferment the mixture for 6 - 8 hours.

Lotus Root Amazake » p.40

INGREDIENTS
200g Koji
200g Lotus root
50 - 100ml Water

1. Bring the Koji back to room temperature. Then, gently crumble it.
2. Grate unpeeled lotus root.
3. Combine 2 and water in a pot. Heat the mixture until they reach at around 65℃.
4. Put 3 and the Koji in a bowl. Mix well.
5. Put 4 in a fermenter, keeping the temperature at between 60℃ to 65℃ for 6 - 8 hours.

Taro Amazake » p.41

INGREDIENTS
200g Koji
4 Taros
150 - 200ml Hot water
Some salt

1. Bring the Koji back to room temperature. Then, gently crumble it.

2. Peel taros and cut them into 1 cm pieces. Rub them with salt. Leave them for 10 minutes, and then wash salt off.
3. Put 2 and water (just enough water to cover taros) in a pot. Boil them over a medium heat until they become soft. Drain hot water.
4. Mix 3 and hot water with a hand blender in a bowl. Otherwise, make pastes with smashing 3 with a fork.
5. When cooling to at around 65 ℃, add the Koji. Mix well.
6. Put 5 in a fermenter. Ferment, keeping the temperature at between 60 ℃ to 65 ℃, for 6 - 8 hours.

gently crumble it.
2. Cut unpeeled pumpkin into 1 cm pieces.
3. Put 2 and water in a pan. Boil it until they become soft.
4. Put 3 in a bowl. When 3 cools to at around 65 ℃, add the Koji. Mix well.
5. Put 4 in a fermenter. Ferment, keeping the temperature at between 60 ℃ to 65 ℃, for 6 - 8 hours.

Amazake and Peach Smoothie » p.44

INGREDIENTS for two
100g Basic Amazake(see page 34)
1 peach
1 tsp Lemon Juice
45ml Water
2 - 3 Ice cubes

1. Peel the skin of peach. Cut it into 2cm cubes.
2. Put 1 and the rest of ingredients into a blender. Beat them.

Potato Amazake » p.42

INGREDIENTS
200g Koji
2 - 3 Small potatoes
200 - 250ml Hot water

1. Bring the Koji back to room temperature. Then, gently crumble it.
2. Peel potatoes and cut them into 1 cm pieces.
3. Put 2 and water (just enough water to cover potatoes) in a pot. Boil it over a medium heat until they become soft. Drain hot water.
4. Mix 3 and hot water with a hand blender in a bowl. Otherwise, make pastes with smashing 3 with a fork.
5. When cooling to at around 65 ℃, add the Koji. Mix well.
6. Put 5 in a fermenter. Ferment, keeping the temperature at between 60 ℃ to 65 ℃, for 6 - 8 hours.

Amazake and Blueberry Smoothie » p.44

INGREDIENTS for two
140g Basic Amazake(See page 34)
100g Blueberries
1 tsp Lemon juice
60ml Water
2 - 3 Ice cubes

1. Put all ingredients into a blender. Beat them.
2. Depending on your taste, puree blueberries so as to remove the skin.

Pumpkin Amazake » p.43

INGREDIENTS
200g Koji
300g Pumpkin
200ml Water

1. Bring the Koji back to room temperature. Then,

Amazake and Persimmon Mousse » p.45

INGREDIENTS for two
Two ripe persimmons
50g Basic Amazake (see page 34)
A pinch of salt
Some water

1. Peel persimmons, and remove seeds. Cut them into 1cm cubes.
2. Put 1 and the rest of ingredients into a bowl. Mix them with a hand blender.

Amazake quinoa » p.45

INGREDIENTS for two
50g Dried quinoa
400ml Water
Some Salt
100g Basic Amazake (See page 34)
200ml Soymilk

1. Rinse the quinoa well under cold water and drain.
2. Cook the rinsed quinoa in a pot of boiling salted water for 15 minutes. Drain well.
3. Put 2, Amazake, soymilk, and a pinch of salt in another pot. Warm it over medium heat.

Amazake Asian Shiruko » p.46

INGREDIENTS for two
1/2 Banana
1/2 Middle sized Sweet potato
2 tbsp Adzuki paste on the market
1 tbsp Safflower oil

A | 4 tbsp Basic Amazake
  | 180ml Soymilk
  | 60ml Coconut milk
  | A pinch of cinnamon powder
  | 1 tbsp Agave syrup

1. Cut sweet potato into 2cm semicircular slices and boil them. Cut banana into 2cm diagonally.
2. Warm the sufflower oil in a frying pan. Pan frying 1 to brown both sides.
3. Warm A in a smaller saucepan, then put them in a serving dish.
4. Put adzuki paste and 2 on top. Sparkle cinnamon powder and pour agave syrup.

Amazake Affogado » p.48

INGREDIENTS
For ice cream
  500g Basic Amazake (See page 34) paste
  50ml Soymilk
  1/5 tsp Vanilla oil
  A pinch of salt
Some cereal coffee
Some hot water

1. Make Amazake ice cream. Put all the ingredients for ice cream in a pot. Heat it over a medium heat until it begins to boil, and then remove from the heat.
2. Put the pan in a tray of iced water to let it cool down.
3. Pour the cream mixture into a shallow container, and then cool it down in a freezer.
4. While the cream mixture is chilling, mix it with a fork for several times.
5. When the ice cream is finished freezing, put it in a dish and pour some dark cereal coffee.

Amazake Fruit Punch » p.49

INGREDIENTS for four
300g Seasonal fruits
(Peach, Melon, Pineapple, Kiwifruit, Berry etc)
1tbsp Lemon juice

170g Basic Amazake (see page 34)
100ml Soymilk
A pinch of salt
15g Kudzu (arrowroot) Powder
100ml Water
Some soda water
Some herbs

1. Hollow out the melon with a spoon, and cut peach, pineapple and kiwifruit in 1cm cubes.
2. Combine 1 and rest of the fruits in a bowls, and add lemon juice to prevent them from turning brown.
3. Mix water and Kudzu well in a pot. Add soymilk and amazake into the Kudzu mixture, and heat it on medium heat.
4. When it begins to boil, turn down the heat and paddle the mixture for a few minutes.
5. Add 2 and a pinch of salt into the pot, and bring to a gentle boil.
6. Pour 5 to the tray to cools down with ice water.
7. Mix 6 and soda water in a glass. Put some herbs on top.

Amazake Jelly » p.51

INGREDIENTS (for a container sized 13cm×14.5cm)
100ml Water
2g Agar Powder
200g Basic Amazake(see page 34)
A pinch of Salt

1. Mix 100ml water and 2g agar powder into a pot. Heat the mixture on a stove.
2. When the agar powder gets dissolved, add the basic Amazake and a pinch of salt. Boil.
3. Pour 2 to the containers. Leave them at room temperature until they have set.
★ As for Black Rice Amazake (see page 36), follow the directions above.

Amazake Steamed Bread » p.50

INGREDIENTS (for a cake tin sized 18cm in diameter)
A | 250g All-purpose flour
    80g Beet sugar
    10g Baking soda
    A pinch of salt
    1 tbsp Multi-grain coffee
    Some pine nuts
B | 200g Basic Amazake (see page 34)
    150ml Water
    1 and 1/2 tbsp Rice Vinegar

1. Sift A into a bowl.
2. Combine B in another bowl. Mix B with a whisk.
3. Put 2 into a bowl 1. Mix 1 and 2 with a rubber spatula. Scrape the mixture into a cake tin.
4. Steam the mixture for 35 minutes on medium high heat in a steamer pot.
5. Remove from the heat and leave it for 10 minutes. Then remove it from a cake tin.

Amazake and Soymilk Burulee » p.52

INGREDIENTS for four 100ml cocotte
15g Ground rice
30g Basic Amazake (see page 34)
350ml Soymilk
1 tbsp Maple syrup
1 tbsp Safflower oil
1g Agar powder
1/3 Vanilla bean
Two pinches of salt
Some beet sugar

1. Mix the half amount of soymilk and rice powder in a bowl. Scrape the seeds from vanilla beans with a knife.
2. Put the rest of soymilk, amazake and agar powder in a pot. Mix them with a whipper, and heat a pan over a medium heat.
3. When getting to boil, reduce heat to low. Adding safflower oil little by little, mix well.
4. Add maple syrup, vanilla bean and salt.
5. Add 1 into 4. Stir them with a spatula. Be careful not to scorch.
6. Remove from the heat when they become smooth. Strain.
7. Pour them into a cocotte. Sparkle beet sugar evenly over the surface of each amazake and soymilk burulee, then caramelise with a gas burner.

Bettarazuke » p.56

INGREDIENTS
Preparation for Japanese radish
  | 1/2 middle sized Japanese radish
  | Salt (3% of the weight of Japanese radish)
  | Some water
Ingredients for pickling pastes
  | 200g Basic Amazake (see page 34)
  | 1 and 1/3 tbsp Mirin
  | 1/2 tsp Salt

1. Make pickling pastes first. Mix ingredients for pickling pastes in a clean airtight container.
2. Pre-pickle Japanese radish. Cut Japanese radish in about 10cm length. Then, cut into four pieces along its length. Gently rub salt into them.
3. Place 2 cut side down on a bowl. Add a little water. Cover a bowl with a drop lid with a stone weight to pickle for two days. (Keep it in a refrigerator in summer)
4. Put 3 in a bamboo sieve to drain. In addition, use paper towels to wipe off any moisture from Japanese radish.
5. Put some 1 and 4 in a plastic bag, and rub it gently. Release air from a plastic bag. Tie a plastic bag closed.
6. Let rest to pickle in a refrigerator for 2 - 3 days.
7. Remove 6 from a plastic bag, and slice them. Put pickling pastes left in a plastic bag onto them.

★ You can use pickling pastes left in a plastic bag as a sort of seasoning for stewed/simmered and stir-fry dishes.

★ Pickling paste can be stored in a refrigerator for about a month.

Bettarazuke Carrot Saute » p.57

INGREDIENTS for two
1 Middle sized carrot
Some pickling paste for Bettarazuke (See page 56)
A pinch of salt
Some sesame oil

1. Cut carrot into strips.
2. Warm Sesame oil in a frying pan. Cook carrot and sprinkle a pinch of salt.
3. Add some pickling paste for Bettarazuke into 2, and stir fry them together.

Sake cake and Amazake Pickle » p.58

INGREDIENTS
150g Sake cake
100g Basic Amazake (see page 34)
1 tsp Salt
70ml Hot water
Vegetables (Cucumber, celery, cherry tomato, turnip etc)
3% of vegetable weight Salt

1. Make pickling pastes first. Crumble Sake cake. Then, mash them in a mortar, pouring hot water little by little.
2. Add Amazake and salt into 1 and keep mashing. When they become soft, put them into a tightly covered container.
3. Cut vegetables in bite sizes. Add salt (3% of vegetable weight). Leave them for about 10 minutes.
4. Wipe off dripping water of vegetables and put them in 2.
5. After leaving them in a refrigerator for from 5 to 10 hours, they are ready to eat. Serve them with pickling paste.

3.5.8 Zuke » p.59

INGREDIENTS
Ingredients for pickling pastes
- 250g Basic Amazake (see page 34)
- 1 and 1/2 tbsp Salt
- 1 Red pepper

(Vegetables to pickle)
Cucumber, eggplant, bitter melon, Japanese ginger, cherry tomato, turnip, avocado and so on

1. Make pickling pastes first. Mix ingredients for pickling pastes in a clean airtight container.
2. Rub the salt into vegetables, and cut into easy-to-eat pieces.
3. Put 1 and 2 into a plastic bag, and rub it gently. Release air from a plastic bag. Tie a plastic bag closed.
4. Let rest to pickle in a refrigerator for 12 to 24 hours in a refrigerator.
5. Remove 4 from a plastic bag, and slice them. Put pickling pastes left in a plastic bag onto them.

*Use pickling pastes only the amount you need, so you can use pickling pastes without being wasted. Pickling paste can be stored in a refrigerator for about a month.

Amazake Natto » p.60

INGREDIENTS for two
A pack (50g) of Tsubu Natto (Whole-bean natto)
2 tbsp Basic Amazake (see page 34)
1/3 tsp Salt
1/2 tsp Sesame oil
Condiments like Japanese leek, Japanese ginger and green perilla

1. Chop Natto with a kitchen knife.
2. Put the Basic Amazake, salt, sesame oil and condiments into 1, then stir well.

Amazake mix sauce » p.62

Amazake + Soy sauce 2:1
Amazake + Tomato ketchup 1:1
Amazake + Worcestershire sauce 2:1
Amazake + Gochujang 2:1
Basic Amazake (see page 34)
★ Mix them with a hand blender

Stir-fry Mushrooms » p.63

INGREDIENTS for two
2 tbsp Amazake + Soysauce
6 Brown mushrooms
1/2 package of Shimeji mushroom
1/2 package of Maitake mushroom
1/2 package of Enokidake mushroom
4 Shiitake mushrooms
1/2 tsp Ginger juice
A pinch of salt
Some chopped parsley
2/3 tbsp Vegetable oil

1. Remove the stem from brown mushroom, and cut it in half. Tear Shimeji and Maitake mushrooms into easy-to-eat size by hand. Remove the stem from Shiitake mushrooms, and slice into stripes. Trim the stems from Enokidake mushrooms and cut in half-lengths.
2. Heat vegetable oil in a frying pan. Stir-fry mushrooms and add a pinch of salt.
3. Once the mushrooms have become tender, add Amazake + Soysauce. Then, add ginger juice.
4. Place the mushrooms on a plate with sprinkling chopped parsley on top.

Yaki Udon » p.64

INGREDIENTS for two
3 tbsp Amazake+Worcestershire sauce
130g Dried Udon noodles
100g Cabbage
1/2 length of Japanese leeks
3g Dried cloud ears
1/3 Carrot
Some salt
1tbsp Sesame oil
Some powdered green laver

1. Cook dried Udon noodles in boiling water for few minutes as follow the instruction shown on the back package. Then, sieve the noodle.
2. Soak dried cloud ears in water to rehydrate. Rinse them and trim the woody stem, and cut each into thin strips.
3. Cut cabbage into easy-to-eat sizes. Cut leeks crosswise and carrot into thin strips.
4. Put the sesame oil on a heated frying pan, and fry cabbage, leeks, cloud ears and carrots. Sprinkle some salt.
5. Put both 1 and sauce into 4. Then add salt to taste.
6. Arrange 5 on a plate with sprinkling some powdered green laver on top.

Toppogi » p.66

INGREDIENTS for two
3 tbsp Amazake and Gochujang (Korean red chili paste) sauce
120g Sliced Korean rice cake
1/2 Japanese leeks
1/2 pack of Enokidake mushrooms
1/2 pack of Japanese parsley
A pinch of salt
1 tbsp Sesame oil

1. Cook sliced Korean rice cake in boiling water for few minutes as follow the instruction shown on the back package.
2. Cut leeks crosswise, japanese parsley into chunks, and enokidake mushrooms in half length.
3. Put the sesame oil on a heated frying pan, and fry leeks and enokidake mushrooms. Sprinkle a pinch of salt.
4. Add sliced Korean rice cake, chunked dropwort and Amazake and Gochujang sauce. Mix them well.

Stir-Fried Lettuce » p.65

INGREDIENTS for two
2 tbsp Amazake Tomato ketchup sauce
A head of Lettuce
1 tbsp Olive oil
Some salt

1. Separate the lettuce leaves. Tear into rather bigger sizes by hands.
2. Heat olive oil on a frying pan. Stir-fry 1 and sprinkle on some salt.
3. When the lettuces become tender, add sauce and mix well.

Gochujang » p.70

INGREDIENTS for about 700g
All amount of Basic Amazake (see page 34)
50g Powder chili pepper (Finely grounded pepper)
1 and 1/2 tbsp Salt

1. Process Basic Amazake with a hand blender.
2. Cook 1 in a heavy pot over a medium heat. Stir it until it begins to boil.
3. Turn off the heat and add powder chili pepper.
4. Turn on the heat again. Simmer it over a gentle heat for about 15 – 20 minutes until reduced by the 2/3 amount. Stir frequently to prevent burning. Please be careful not to fet burned.
5. Once powder chili pepper get well blended, add salt.
6. Turn off the heat when it becomes thickened. Let it cool down.

Sandubu Jigae » p.71

INGREDIENTS for two
1 Clove garlic
1 Clove ginger
1 Block of silk tofu
1/2 Length of Japanese leeks
1/2 Pack of Maitake mushrooms
1/2 Pack of Shimeji mushrooms
4 Shiitake mushrooms
Some kombu dashi
Some sesame oil
Some grind Sesame
Some shredded red pepper
Sauces for Jigae(following ingredients should be mixed)
| 2 tsp Gochujang
| 2 tsp Miso paste
| 1 tsp Soy sauce

1. Chop garlic and ginger.
2. Slice leeks diagonally, cut silk tofu into 6 blocks, slice Shiitake, and cut Maitake and Shimeji into easy-to-eat sizes.
3. Heat sesame oil in a cooking pot and add garlic and ginger. Cook them until there's a pleasant aroma, then add sauces for Jigae.
4. Add Kombu dashi. Once it boils, add leeks and mushrooms and simmer.
5. Finally, add tofu in 4 and boil altogether until it becomes warm. Add grind sesame and shredded red pepper on top.

All-purpose Koji Dressing » p.72

INGREDIENTS
100g Koji
80g Grated apple
80g Grated onion
30g Grated carrot
7g Grated ginger
4 tbsp Soy sauce
1 Red pepper

1. Combine all the ingredients in a clean bowl.
2. Put 1 in a bottle sterilised in boiling water. Keep it in a refrigerator.

Korean-style Salad » p.73

INGREDIENTS for two
Dressing
| 2 tbsp Multi-purpose Koji condiment
| 1/2 tbsp Rice vinegar
| 1/2 tsp White miso
| 1/2 tsp Sesame oil
| Some salt
1 package of Coriander
1 package of Mesclun greens
1 package of Watercress
Some roasted pine nuts

1. Whisk Multi-purpose Koji condiment, rice vinegar, white miso, sesame oil and some salt in a small bowl.
2. Tear off the leaves of coriander and watercress.
3. Dress 2 and mesclun greens with dressing in a large bowl.
4. Place 3 on a plate with sprinkling roasted pine nuts on top.

Kinzanji Miso » p.74

INGREDIENTS
100g Platy dried Koji
100g Barley
200ml Hot water
Some salt
3 Eggplants
4 Japanese ginger
10g Ginger
3 tbsp Mirin
100g Rice syrup

1. Gently crumble the Koji with hands. Wash barley well and then boil with plenty of hot water (not included in INGREDIENTS) for 10 - 15 minutes. Drain hot water on a sieve.
2. Dissolve 1 tbsp salt in hot water, and leave it until it cools down to 60℃.
3. Hull eggplants. Cut them into 1 cm pieces. Salt them and then soften them by squeezing. (Salt should be 3% of the weight of eggplants). Shed Japanese ginger and ginger.
4. Mix Koji and 2 well in a larger bowl. Wrap it to steam for 30 minutes.

5. Add boiled barley, well-dehydrated eggplants, Japanese ginger, ginger, Mirin, and rice syrup into 4, and then mix them well.
6. Wrap on the surface. Put a light weight (ex. a plate) on it. Leave it at the room temperature for half a day. Then ferment at a low temperature in a refrigerator for 4 – 5 days.

Small eggplants pickled in Karashi Koji » p.76

INGREDIENTS
400g Small eggplants
3% of the weight of small eggplants (12g) Salt
200g Koji
230 ~ 330ml Warm water at about 50 ℃
130ml Soy sauce
6g Karashi powder

1. Remove the hull of the small eggplants. Combine them and salt in a bowl. Weigh it down with a stone for half a day.
2. Mix Koji and warm water in a bowl, and left it for 30 minutes. Then, add soy sauce and karashi powder and mix altogether well.
3. Press out 1 to remove any excess water. Put 1 and 2 in a container and cool it down in a refrigerator.
4. Ready to eat in about 7 days. No need to wash the small eggplants. Cut them into easy-to-bite size and place them in a serving dish.

Sweet Miso » p.75

Yield: 650 – 700g
Salt density: 5.5 – 6%

INGREDIENTS
150g Dried soy beans
200g Koji
40g Salt
Boiled water that has cooled 100 – 120ml

1. Wash soybeans. Soak them in water overnight. Stew them until you can crush them with your fingers.
2. Bring the Koji back to room temperature. Put the Koji and salt in a large bowl. Mix them well.
3. Once soybeans are well stewed, drain soybeans in a strainer. Mash them before they become cool.
4. Add hot water that has cooled little by little until they become as soft as an earlobe.
5. Once soybeans prepared in process 4 cool down to body temperature, add 2 and mix well.
6. Leave 5 in a fermenter to mature for 24 hours at 60 ℃ . Do not open the fermenter during fermentation to avoid bacteria.
7. Let them cool down at room temperature, and leave them in a refrigerator to mature for about one week.

★ In case of not having a fermenter, put 5 into a zipper bag. Leave it for 1 – 2 days at room temperature. Squeeze it lightly several times a day. Then keep it in the refrigerator.

Koji Moisture Lotion » p.77

INGREDIENTS for 230ml
80g Koji
320ml Hot water (50 ℃)

1. Bring the Koji back to room temperature. Then, gently crumble it.
2. Put 1 and hot water into a clean container. Mix well.
3. Leave the mixture at room temperature for half a day. When the Koji becomes soft, put it into a refrigerator to mature for from 1 to 2 days. Filter it through gauze.
4. Apply some lotion to your face and body with using some cotton pads or by your hands.
5. Koji Moisture Lotion can be stored in a refrigerator for three weeks.

★ Ensure that you do a patch test prior to using the lotion. Please do not use it if you develop skin conditions or if you have skin abnormalities.

かわなべ みゆき
Miyuki Kawanabe

埼玉県出身。
米と野菜と発酵食品 オーガニック&ベジタブル料理教室「Mai5han Kitchen／まいごはんキッチン」主宰。
http://www.mai5han.com
オーガニックコーディネーター。
動物性食品・白砂糖・乳製品を使わず、甘酒・塩糀・味噌・米飴などの発酵食品を使ったヘルシー料理を得意とする。
NPO法人 発酵文化推進機構会員。趣味はヨガと旅行。
本書ではスタイリングも担当。

STAFF
撮影／大畑陽子、かわなべみゆき (p.41、p.47、p.59)
装丁&デザイン／木村由香利 (NILSON)
英訳／升井裕子
料理助手／川西晴美・鈴木智子・松尾貴美子
編集／土田由佳

協力
マルカワみそ http://marukawamiso.com
大畑農場 http://park18.wakwak.com/~ohata-farm/
NPO法人 発酵文化推進機構 http://hakkou-bunka.jp

参考文献
小泉武夫編著『発酵食品学』(講談社)
小泉武夫『発酵は力なり』(日本放送出版協会)

糀と甘酒を使って、カラダの中からきれいになる「幸腹」レシピ

糀のある豊かな食卓

NDC596

2017年3月25日	発 行
2017年7月15日	第2刷

著 者	かわなべみゆき
発行者	小川雄一
発行所	株式会社 誠文堂新光社
	〒113-0033　東京都文京区本郷3-3-11
	(編集) 電話03-5800-5779
	(販売) 電話03-5800-5780
	http://www.seibundo-shinkosha.net/
印刷・製本	図書印刷 株式会社

©2017, Miyuki Kawanabe.
Printed in Japan
検印省略
禁・無断転載

落丁・乱丁本はお取り替え致します。

本書のコピー、スキャン、デジタル化等の無断複製は、著作権法上での例外を除き、禁じられています。本書を代行業者等の第三者に依頼してスキャンやデジタル化することは、たとえ個人や家庭内での利用であっても著作権法上認められません。

本書に掲載された記事の著作権は著者に帰属します。これらを無断で使用し、展示・販売・レンタル・講習会などを行うことを禁じます。

[JCOPY] <(社)出版者著作権管理機構 委託出版物>
本書を無断で複製複写(コピー)することは、著作権法上での例外を除き、禁じられています。本書をコピーされる場合は、そのつど事前に、(社)出版者著作権管理機構(電話 03-3513-6969／FAX 03-3513-6979／e-mail:info@jcopy.or.jp)の許諾を得てください。

ISBN978-4-416-91731-2